民事程序法论丛

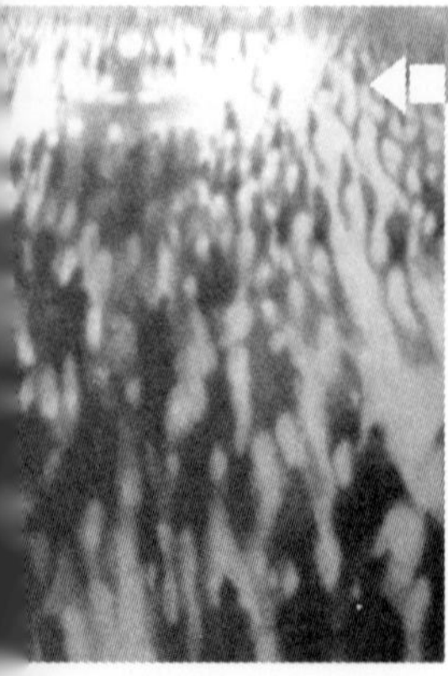

Civil Procedure Series

转型期中国民事纠纷解决初论

蔡　虹／著

北京大学出版社
PEKING UNIVERSITY PRESS

图书在版编目(CIP)数据

转型期中国民事纠纷解决初论/蔡虹著. —北京:北京大学出版社,2008.10

(民事程序法论丛)

ISBN 978-7-301-14314-8

Ⅰ.转… Ⅱ.蔡… Ⅲ.民事纠纷-调解(诉讼法)-研究-中国
Ⅳ.D925.114

中国版本图书馆 CIP 数据核字(2008)第 154010 号

书　　　名:转型期中国民事纠纷解决初论
著作责任者:蔡　虹　著
责 任 编 辑:李　铎
标 准 书 号:ISBN 978-7-301-14314-8/D·2151
出 版 发 行:北京大学出版社
地　　　址:北京市海淀区成府路 205 号　100871
网　　　址:http://www.pup.cn
电　　　话:邮购部 62752015　发行部 62750672　编辑部 62752027
出版部 62754962
电 子 邮 箱:law@pup.pku.edu.cn
印　刷　者:三河市新世纪印务有限公司
经　销　者:新华书店
650 毫米×980 毫米　16 开本　11.5 印张　181 千字
2008 年 10 月第 1 版　2008 年 10 月第 1 次印刷
定　　　价:21.00 元

论丛总序

本丛书以“专注制度、推动立法”为主旨，推出一批优秀的民事诉讼制度研究著作，从而推动我国《民事诉讼法》全面修改的进程。丛书以民事诉讼的重要制度为切入点，在现行立法实证研究、域外相关制度比较以及制度背后法理研究的基础上，提出具体而细致的立法完善方案，并详细论证立法建议的理由与可操作性，充分预测可能的不足。

法治乃是良法之治，制定之初就先天不足的劣质法律要么被弃置不用，要么阻碍社会的公平正义。即便是良法也需要与时俱进，不断修改完善以跟上社会发展的步伐。制度不公正、缺乏可操作性、条文过于粗陋、立法滞后等种种立法弊病，将严重阻碍法治进程，引发民众的法律信任危机。而一部优秀法典的诞生与焕发生命力，将有赖于包括立法者、实务工作者、法学研究者在内的所有法律职业人士的共同努力，当然，这其中也有作为法律制度消费者的民众的呼声和意愿。

高质量的立法需要大量学术资源的支持，这也正是学者大有可为之处。立法是多个具体制度的有机组合，研究者针对具体制度的立法建议能为立法者提供直接的参考，研究者的立论越充分、资料越翔实、思虑越周密，也就越能说服立法者接受其建议。

诉讼法学的实用性较之实体法更为明显。司法实践中，任何案件都要不同程度地适用诉讼法，诉讼立法的优劣将对整个法律制度的公正产生直接影响。尽管程序与实体的关系还没有取得共识，但科学理性的程序始终是我们追求的目标。民事诉讼法要实现法律的公平正义，必须具备发现真实和准确适用法律的优秀品质，必须体现效率原则、必须保障人性尊严。民事诉讼多元价值的实现以及各种价值之间的衡平，都要体现在每一个具体制度之中。与其坐而论道,在价值选择上空谈,不若走进实践,透过具体制度设计的精妙贯彻价值目标。

当今法学日益成为显学,但制度研究和立法建议并未得到充分重视。当前的学术风气研究似乎热衷于理论的深刻和精致,或者埋头于西方制度的梳理评介,或者通过实证调研发掘创造理论,有意无意地轻视制度构建。事实上,理论研究最终要服务于实践,理论创新、论证和争鸣最终要落实到具体的法律条文中去,否则极可能失于空泛,沦为清谈。只有将理论智慧转化成实践效果的法学研究才真正有价值。艰深理论固然重要,但它永远也取代不了制度对于法律实践的指导和塑造作用,无法削弱制度研究的意义。理论研究不与具体制度接轨,不能为制度构建提供养分,而是关起门来自说自话,满足于"新名词、新学说"的制造,必然是法学的悲哀。

2007 年我国《民事诉讼法》经历了 16 年以来的第一次修改,此次修法过程的封闭性显而易见。我们无意指责立法者不开门纳言,而是自省学界是否为立法者提供了充足的养分。目前我国《民事诉讼法》修改的具体方案虽然有了不少优秀成果,但总体上而言,立法建议质量不高,缺乏深入争鸣,这使得立法者缺乏邀请学者深度参与立法的热情。不得不承认,我国《民事诉讼法》修改的进程缓慢,与学术界对于民事诉讼具体制度立法完善的研究水平不高有着直接关联。

制度研究不被重视的一种解释可能是,制度研究太简单,没深度,落入了八股的俗套。在许多人看来,制度研究就是"概念 + 国外介绍 + 我国弊端 + 修改建议"的八股文章,相比之下,纯理论研究更显深度和水平。此说其实大谬,低劣的制度研究不仅没有任何学术价值,反而会误导民众和初学者。真正高质量的制度研究和立法建议,可以说是法学研究者毕生心血的结晶,代表了他的最高学术成就。

回溯历史上那些流传千古的法典的诞生,背后都有当时顶尖法学家艰苦卓绝的努力。一位学者会因主持或参与一部优秀法典的制定而被世人传颂,推动立法可谓法学研究者职业生涯的顶峰,这在大陆法系国家尤为明显。实际上,研究具体的制度设计方案并参与立法是最具挑战性,也是最能考验学者理论积淀和人生智慧的活动。无论是对既有法条的修正,还是对新制度的拟定,如果缺乏对实践的深入了解,对问题症结的敏锐把握，对国情和实践逻辑的透彻理解，对法条背后理论根基的深入研究，对不同观点的中肯评价，对西方相关制度第一手立法和修法资料的熟悉，对相关配套制度的了解，对制度运行中可能缺陷的清醒认识，就很难保证法条的科学性与可行性。在学术影响立法的过程中，价值多元化、既得利益集团的阻挠和旧体制的束缚，都是人尽皆知的困境所在，激烈争鸣也是情理之中。法律实践中的疑难杂症千头万绪，法律制定和运行中阻力重重，这些困难都迫切需要具有扎实法理功底、高瞻远瞩、坚守学术操守，同时又熟谙国情实务、极富妥协性智慧的学者，与立法和实务部门以及相关利益集团进行不乏策略技巧的博弈与合作，推动优质立法的出台，将理论上的公平正义转化为现实规则，推动实践发展，这才是学术研究本真的贡献。本丛书希望为那些心怀远大梦想和社会责任感的人们搭建一个舞台，通过学术研究展现其激情、严谨、勤勉与智慧。

一部优秀的立法绝非一人之功，立法质量还取决于多元主张的对立、争鸣和妥协。个人无法摆脱理性不及的局限，制度设计的争论越激烈，越能凸显个别主张的缺陷，而在富有智慧的妥协之中，制度才能最大限度地发扬优点，抑制不足。一路喝彩的立法施行起来很可能困难重重，而经过严厉抨击和反复追问的条文由于充分考虑可能的弊病，更容易获得良好效果。本丛书提出的立法建议期望能抛砖引玉，在批评和辩论中不断成熟。丛书希望搭建一个舞台，这个舞台不仅有作者的独舞表演，更有“舞林大会”的激烈对抗与精彩纷呈，最终走向交响乐的雄浑、大气与和谐。

汤维建

2008 年 8 月

内容简介

在转型期中国，一方面，民事纠纷数量大幅增加，纠纷主体寻求诉讼解决日益频繁；另一方面，民事诉讼及相关制度处理纠纷的理念和程序设计上存在诸多问题。笔者认为，民事诉讼程序不仅是现代法治的重要标志，而且关系到实体法的实施、合法权益的保护、司法权威的建立乃至社会正义的实现，意义十分重大。但我国现行民事诉讼制度的状况已落后于社会的发展，需要加大力度进行改革和完善。在 1991 年现行《民事诉讼法》颁布实施之后，我国确立了市场经济，加入了世贸组织和一些重要的人权保障方面的国际公约，并经历了两次修宪，也有了一些民事司法改革的成果和经验积累。因此，我国《民事诉讼法》应立足于转型期社会民事纠纷解决的需要，转变基于计划经济的国家本位主义的立法政策，弱化法院的职权对民事冲突主体意思自治的干预，尊重并保障当事人的权利；在民事诉讼程序的建设上，应以程序公正和诉讼效益为基本价值目标，以我国参加的国际条约和世贸组织有关协定的具体要求为标准，革除传统落后的、违背现代民事诉讼活动基本规律的做法，全面优化我国的民事诉讼程序，并在民事诉讼程序上全面贯彻宪法修正案关于保障人权、保护合法私有财产的原则。

本书在社会转型和司法改革背景下探讨民事诉讼和仲裁制度的完善问题，内容主要涉及民事纠纷诉讼解决的基本问题、构建和谐社会与纠纷的合意解决问题、社会转型期农村土地纠纷的解决机制问题、民事纠纷解决的外部监督问题以及与此相关的其他问题。

关于民事纠纷诉讼解决的基本问题，首先应从宏观上对民事诉讼结构进行调整、对诉讼模式进行选择和优化。因为我国民事诉讼制度的基本特征说到底是由诉讼模式的特征决定的，诉讼模式的问题几乎制约了民事审判方式的整个制度化系统，包括起诉制度、庭审制度、证据制度、上诉制度、再审制度、执行制度以及调解制度等。在诉讼模式由国家本位向当事人本位转型中，应当确立辩论主义原则，辩论主义意味着只有当事人在诉讼中所提出的事实，并经过辩论才能成为法院判决的基础。故而，如果当事人的声明、陈述和证据方法不明了、不完善，法院就会以此为依据作出不利于该当事人的判决。因此，本书研究了如何通过法官行使释明权来弥补辩论主义的不足。在民事案件的主管方面，应扩大对民事权利的保护范围，贯彻法治原则、私权保障原则和司法最终解决原则，除几类特殊民事案件由法律明确规定排除在主管之外，其他民事案件均应由法院主管，并应健全对法院主管的制约机制和对当事人权利的救济机制。民事审判方式的改革促进了庭审功能的增强，突出了当事人的对抗作用，但如何通过诉讼程序整理焦点、获取庭审所需要的证据，如何通过审前准备程序交换证据、沟通信息、促成合意的达成，《民事诉讼法》均未作规定，笔者提出并论证了构建审前准备程序的具体构想，以及法院管理模式的更新与配合。在证据制度方面，应以诉讼证明的基本规律和程序公正的要求重构举证、质证、认证制度，本书重点研究了证据制度中的程序保障问题。在诉讼程序的建设上，应加强对审前准备程序的构建。在我国民事诉讼立法中，无独立请求权的第三人制度无疑是个值得反思和重构的制度。社会经济交往中纠纷的频繁和复杂，可能会导致几个相关联的民事法律关系不能正常运转从而涉诉，而无独立请求权的第三人制度提供了通过一个程序彻底解决纠纷、避免矛盾判决、节约司法资源的配置，这一配置的原理在我国民事诉讼法及相关司法解释中却没有得到很好的体现，本书着重对“法律上的利害关系”以及“直接判决无独立请求权第三人承担民事责任”问题进行了探讨。

民事纠纷的合意解决，既具有与审判同样的纠纷解决功能，又具有充分的意思自治、效率与和谐功能。法院调解和仲裁调解作为民事纠纷合意解决的程序制度，在和谐社会构建方面大有可为。它以当事人之间的私权冲突为基础，以当事人一方的诉讼请求为依据，以司法审判权的介入和审查为特征，以当事人之间处分自己的权益为内容，具有平等对话、互谅互让、纠纷解决彻底、自动履行率高等好处。因此，民事纠纷的合意解决机制一直备受世界各国的广泛推崇。调解制度在民事诉讼及仲裁中的确立,源于私权自治原则和处分原则,调解必须建立在双方自愿的基础上。在调解的整个过程中,作为调解主持者的法官或仲裁员,应根据需要和可能,尽量为当事人协商解决纠纷创造条件,营造和谐的气氛,但能否调解以及调解最终能否达成协议,应取决于当事人的自愿。本书对调解的应然机制和正当性基础作了深入探析,通过与香港诉讼和解制度的比较研究,寻求我国法院调解存在的正当性危机,反思我国法院调解制度设计上的缺陷及其深层原因,提出从理念到程序的完善措施。针对这几年实践中为追逐调解率而再度抬头的强制调解现象,本书论述了民事纠纷合意解决与构建和谐社会的关系,批判了片面理解和谐而盲目追求调解结案、以和谐的外衣掩盖怠于使用判决、回避矛盾等错误的做法,强调了贯彻自愿原则和提高调解的质量,以促进调解制度的健康发展。

"社会转型期农村土地纠纷的解决"是笔者承担的教育部重大攻关项目子课题的研究成果。本书第三章以田野调查的第一手资料为基础,探讨了转型期我国农村土地纠纷的严峻形势、纠纷类型与特点、纠纷解决机制的设置与功能完善,着重论述了诉讼解决对于保障国家土地立法的贯彻、农民土地权利的保障以及解决"三农"问题的重要意义、面临的主要问题以及解决的办法。

关于民事纠纷解决的外部监督,本书论述了检察机关对民事诉讼的法律监督和仲裁裁决的司法监督。民事检察监督有其独到的功能,是我国唯一由宪法和法律授权的专门性法律监督,是超然于审判机关之外的外部监督,是具有经常性、法定性与强制性的监督。从保障司法公正、维护法制统一的高度认识,同时也是从其独到的功能出发,在目前情况下尚无任何一种力量能够替代它,因此,民事检察监督应当加强和完善。本书探讨了检察监督与审判独立、处分权原则、既判力理论以及诉讼效率的关系,探讨了检察监督在民事诉讼法修改中和修改后仍需研究的若干重大理论和实践问题。法院对仲裁的司法监督,是实现仲裁公正与效益的双重价值目标的需要。仲裁具有自主性、民间性、经济性、保密性、专业性和国际性等特点,这是仲裁制度赖以存在的基础。法院对仲裁的监督应当适度,否则仲裁的优势要么不复存在,要么大受减损,仲裁将演变成另外一套司法程序,成为诉讼程序的翻版。因此,司法监督的适度性问题应当很好地研究。

关于民事纠纷解决的相关问题,本书主要论述了民事纠纷解决中广为适用的司法解释的性质、作用,针对审判实践中存在的认识误区和错误做法,从理论上对司法解释作了界定与规范,对其造法性功能作了限制。对于作为民事审判程序重要组成部分的非讼程序的研究,是基于非讼程序的理论和立法长期以来落后于诉讼程序,未能很好地发挥处理非讼案件的作用,影响了司法解决民事案件功能的整体发挥的现实。为此,本书研究了非讼程序的适用范围、特殊规则和特别法理。

上述研究成果具有三个特征:第一,以社会转型中民事司法改革为背景,着力思考与研究现实问题;第二,以基础理论为依托,重点研究与解决民事诉讼及仲裁中的具体制度问题;第三,以诉权与审判权为核心,重点研究与解决矛盾的主要方面——审判权的良性运作。上述研究成果始终追踪改革热点,与民事诉讼基础理论和司法实践保持密切联系,故而成果处于前沿,其中关于法院调解、证据调查、释明权、民事纠纷解决的外部监督等内容已为最高人民法院的相关司法解释所采纳,同时,也受到来自实务界的好评,对于民事司法改革有着积极的影响与促进作用。

目 录

第一章
民事纠纷诉讼解决的基本问题

一、民事诉讼结构的调整及其基本模式的选择

令人瞩目的民事审判方式的改革在我国已进行了近二十年。改革的动因,最初是缘于解决社会经济结构的变化所带来的民事、经济案件激增与法院的审判力量相对不足的矛盾,因而改革的措施多半是具体的、技术性的和非结构性的。这些改革措施的推出虽然具有重要的历史意义和现实意义,但就整体而言,这场来自法院系统的改革是在特定的历史条件下,基于特定的动因而进行的,对于原有的民事审判方式存在的诸多问题以及改革的基本方向尚缺乏清晰和深刻的认识,改革缺乏理论上的指导和支持。因而经过多年的改革实践,显示出某些改革措施难以收效,甚至改革的某些措施难以与整体诉讼结构相协调的状况,这种状况不能不引起人们的深思。例如,庭审方式的改革,强调当事人举证、质证和当事人之间的辩论,其本意是想弱化法院职权,让当事人真正成为诉讼的主角,使裁判的基础建立在双方当事人举证、质证及辩论的基础上。但由于整个诉讼结构的调整没有协调进行,若想在原有的诉讼结构内进行庭审方式的改革是难以收到预期效果的。如有些法院在推行辩论式诉讼过程中,一方当事人突然提出新的证据,使对方当事人缺乏必要的准备而无法与之对抗;有的证人不出庭作证,仅提供书面证言,使诉讼当事人没有机会质证;还有许多当事人本不具备诉讼常识却又亲自参与诉讼,造成法庭辩论难以围绕诉讼的焦点进行。在这种情况下,法官由于退之于消极裁判的地位,因而常常使辩论式诉讼有名无实,合议庭难以当庭裁判。由此

可见，改革应从调整整个民事诉讼结构入手，改革的各项措施应当协调进行。不调整整个诉讼结构，而是只在现有的诉讼结构框架内进行局部的、某些具体措施的改革，不仅改革难以凑效，而且往往会诱发新的矛盾。

民事诉讼结构，是指法院与当事人在诉讼中的地位及其相互关系。从民事诉讼法律关系的理论看，法院和当事人的法律关系构成了整个民事诉讼的基本主线，对特定的民事诉讼体制基本特征的揭示不能离开对法院和当事人这一基本法律关系的剖析。诉讼结构的问题几乎制约了民事审判方式的整个制度化系统，包括起诉制度、保全制度、庭审制度、证据制度、上诉制度、再审制度、执行制度以及调解制度等。民事审判方式改革诸多问题的最终解决，无不涉及到诉讼结构的问题。我国民事审判方式的基本特征说到底是由诉讼结构的特征决定的。因此，对民事诉讼结构问题的研究无疑有助于为民事审判方式改革的深化作理论上的准备，有助于实现我国民事审判方式改革的价值目标。

我国现行的民事诉讼结构基本上是以法院为主导，表现为强职权主义或超职权主义的特点。[①] 在民事诉讼机制运行的过程中，法院的主动性和能动作用得以充分发挥，整个民事诉讼运行机制，是以审判人员对案件事实、证据的调查为主线而展开的，当事人虽然是平等的诉讼主体，但实际上他们在诉讼中的能动作用及彼此间的对抗作用受到很大的遏制。这一特点在我国 1982 年颁布的《民事诉讼法（试行）》以及有关的规范性文件中得到了充分的体现。

我国现行《民事诉讼法》是在由计划的商品经济向市场经济转轨的过程中修改后颁布实施的。经济发展和改革的因素无疑直接影响着法的修订。与《民事诉讼法（试行）》相比，现行《民事诉讼法》在诉讼结构方面更加充分地体现了诉讼民主。但是，这部法并未带来诉讼结构的根本改变。首先，现行《民事诉讼法》本身并未彻底改变原有的诉讼结构，尽管它有了相当大的改进；其次，现有的民事诉讼结构与现行的《民事诉讼法》立法宗旨之间还有相当一段距离，远未达到立法的要求。由此就决定了现有的民事诉讼结构仍属于职权主义诉讼结构，具体表现在：

---

① 参见左为民、刘全胜：《中国民事诉讼制度：透视、评析和改革》，载《法学》1994 年第 1 期。

第一，各种具体的诉讼程序的开始、进行和终结，法院具有主动性和决定性。尽管作为诉讼主体的当事人对多种诉讼程序享有启动权，但很多重要的程序如保全程序、执行程序的启动与否仍可由法院决定。法院可以在当事人没有申请的情况下，依职权开始这些程序。另外在诉讼中，民事诉讼也不能完全按当事人的意志进行或终结。例如，原告提出撤诉，不论该申请是否对原告有利，诉讼得依法官的意志来决定是否继续。

第二，法院可以在当事人负举证责任的同时，依职权积极主动地收集证据，并将此作为认定案件事实的根据。虽然《民事诉讼法》规定当事人应承担举证责任，并限制了法院收集、取证的范围，但事实上，法院仍然可以依职权收集调查证据。因而法院在作裁判时，常对当事人依举证责任提供的证据不予考虑，而是完全将自己独立收集来的证据作为裁判的根据，并由此使民事举证责任制度和法庭调查、法庭辩论制度失去意义。

第三，法官主宰整个庭审进程，当事人处在消极、被动的地位。在法庭审判中，法官控制、指挥诉讼，虽然自现行《民事诉讼法》颁布以来，法庭比较注意发挥当事人在法庭审理中的对抗、辩论作用，但这多半停留在形式上，或顶多将双方当事人的意见作为参考，法院在裁判时可不必将当事人的陈述和提出的证据作为裁判的根据。因此实际上，法院仍然是指挥和控制诉讼的主角，而当事人则处于消极、被动的地位，成为被询问和调查的对象。

我国民事诉讼的这种结构性特点由来已久，决非偶然。

首先，我国封建社会历史悠久，几千年来形成并保持了"中央集权、高度统一"的历史状况以及根深蒂固的"以官为贵"的传统意识。这种历史背景必然导致在司法审判中，司法者主宰诉讼，而当事人处于被调查、被审问的对象的地位这种诉讼结构。20 世纪初，清政府在制定成文法时，很自然地接受了大陆法系的德、日、奥等国的职权主义诉讼模式。但是，应当指出的是，大陆法系的职权主义在形式上是法官主宰诉讼，而实质上仍是以辩论主义为核心的。表现在：第一，凡是未在当事人辩论中出现的事实不能作为判决的基础和依据。第二，法院应将双方当事人间无争议的事实作为判决的依据。从这个意义上讲，可以说法院直接受到了当事人诉讼行为的约束，如一方对另一方主张的某事实自认时，法院不得提出质疑。第三，法院虽可依职权主动调查，但调查的范围仅限于双方当事人在诉讼中提出的事实。可见,我国在引进职权主义诉讼模式的时候并未吸取其辩论主义的内核。我国特有的封建主义性质的职权主义色彩依然存在,诉讼结构并未发生质的变化。

其次,新中国成立以后,我国的各项立法受前苏联的影响很大,前苏联民事诉讼中的国家干预原则为我国所接受,而国家干预与职权主义有必然联系。深层次的原因是,经济制度从根本上规定了国家与经济主体的相互关系,从而也决定了民事诉讼中法院与当事人各自的地位。新中国成立后在经济制度上我们效仿前苏联,根据马克思主义经典作家的某些设想,实行生产资料公有化,这就必然要求并且需要建立高度统一的计划经济体制,以便使国家按照总的计划统一管理国民经济。国家在经济生活中的这种地位必然反映到经济纠纷解决领域——民事诉讼中来。在民事诉讼中,法院代表国家干预纠纷的解决过程,要将国家对经济的控制作用延伸到民事诉讼中,法院始终站在国家利益的角度来看待和处理当事人的处分行为,并进行干预。这就决定了在民事诉讼中法院必然居于主导地位,而当事人则处于被动和消极的地位,这种诉讼结构是一种以国家干预为核心的职权主义模式。

正因为经济制度是民事诉讼结构模式的根本形成原因,因而经济制度的改革和市场经济的建立也必然要求民事诉讼结构与之相适应。市场经济是高度社会化和市场化的商品经济,其特点包括经济主体具有多元性和平等性、经济行为具有自由性和竞争性、经济形式具有契约性和公开性等。在市场经济条件下,社会的经济权力不再垄断在国家手中,而是被分解为各经济主体的权利,每个商品生产者都是独立的经济主体,都享有充分的自由权利,他们通过自由协商来共同决定他们之间的互利有偿。市场经济的本质特征是民主、自由、平等和独立,它强调分权、自治和权利的保障,要求国家尽可能少地干预经济关系,充分地尊重私人间的合意和选择的自由,仅从宏观上调控经济的发展。①

市场经济的这一本质要求体现在民事诉讼结构中,就表现为法院应充分尊重当事人的意思,使当事人能够按照自己的利益要求决定自己的诉讼行为,而法院对当事人自由行使诉讼权利不予干预,更不能代替当事

① 参见陈泉生:《论市场经济与民事诉讼模式的改变》,载《社会科学家》1994 年第 5 期。

人去处分由当事人享有的自由权利。裁判案件的事实根据只能来自于当事人,同时要求当事人对自己的主张充分举证,并对自己的诉讼行为负责。

由此看来,我国民事审判方式的改革实际上已涉及到诉讼结构这一更深层次的问题了。

无论是从民事审判方式的改革、建立适应市场经济发展需要的民事诉讼机制方面看,还是从立法上、理论上完善我国的民事诉讼制度方面看,民事诉讼结构的调整都势在必行。但民事诉讼结构的调整应当选择一种什么样的目标模式,对此却存在着不同的看法。由于民事诉讼结构的问题关系着民事审判方式改革等若干重大理论问题,因此很有必要从理论上对民事诉讼结构的模式进行深入的研究,并从中作出正确的选择。

关于民事诉讼结构的基本模式,理论界比较认同的有两种类型,即当事人主义诉讼结构和职权主义诉讼结构。当事人主义诉讼结构为英美法系国家的民事诉讼法所采用。其特征包括:第一,诉讼的双方当事人在启动、推进、终结诉讼程序方面,以及在法庭辩论和提供证据方面具有决定性作用。法院据以作出裁判的案件事实,也是在双方当事人平等而激烈的对抗中展示出来。在这种诉讼结构中,当事人的举证责任具有举足轻重的意义。第二,作为裁判者的法官在诉讼中居于中立和超然地位,一般不介入双方当事人的辩论,法律通常禁止法官主动收集证据或积极地谋求当事者和解,法官只能在当事人请求的范围内,在法庭辩论终结以后作出裁判,并且裁判所依据的证据只能来源于当事人。第三,整个民事诉讼程序,尤其是法庭辩论呈现出激烈的对抗色彩。有人形象地称进行诉讼的双方当事人为“竞技”或“决斗”,而法官恰似一个裁判。① 由于当事人与法官在诉讼中的地位以及相互关系,决定了当事人要想在竞技中获胜,必须最大限度地在法庭调查或辩论中发挥自己及律师的智慧、能力、辩才。为了使双方当事人能够有效地在诉讼中展开攻击和防御,同时也使陪审团和法官在双方当事人激烈的对抗中正确地采纳和运用证据,这些国家的法律通常设置了精细、严格、完整的程序制度(如交叉询问制)和证据法规则,激烈的对抗性带来了诉讼程序的高度制度化和复杂化。

---

① 参见宗智:《改造刑事诉讼结构应当慎行》,载《法学研究》1994 年第 6 期。

职权主义诉讼结构一般为大陆法系国家所采用。在职权主义诉讼结构中,双方当事人作为平等的诉讼主体,对于诉讼程序的发生、变更、消灭等重大诉讼事项具有主导作用。但法官不是消极的裁判者,他们被授权控制诉讼的进程,具体表现在:第一,在开庭审理之前,法官可以通过了解案情,确定争议的焦点,积极主动地对案件事实进行必要的审查。第二,在庭审中,法官有权掌握和控制双方当事人的辩论,有权主动地向当事人、证人等发问,并适时地促成双方和解。诉讼结果并非完全取决于当事人及其律师的法律专业技能及辩才,法官在庭审中始终具有积极性、主动性。第三,法官为了查明案件事实,有权收集、审查和评判证据,并可运用法律允许的一切证明方法来发现案件事实真相,并在此基础上作出裁判。裁判所依据的证据材料并非完全依赖双方当事人,这一点与当事人主义诉讼结构明显不同。

值得注意的是,大陆法系国家所采用的职权主义诉讼结构,同英美法系国家所采用的当事人主义诉讼结构一样,都承认并且贯彻民事诉讼中的辩论主义。因为辩论主义反映了诉讼中的自由主义和个人主义,这种自由主义和个人主义的基础是私权自治。① 大陆法系国家和英美法系国家对辩论主义的内涵,虽然在解释上有些不同,但大体上都包括以下内容:第一,没有在当事人辩论中出现的事实,不能作为法官裁判的依据;第二,双方当事人之间没有争议的事实,法院应当对其直接加以认定,而无需提出质疑,也不能再去调查核实;第三,法官或陪审团对案件进行审理、裁判,应受当事人主张的约束。大陆法系国家的法院即使有权对案件事实主动进行调查,但调查的范围也不便超出双方当事人在诉讼中所提出的事实和主张的范围。事实上,“大陆法系和普通法系共同流行的制度是处分制度。根据这个制度,提出什么争端,举出什么证据和作出什么样的辩论,几乎完全取决于当事人”②。当事人主义诉讼结构与职权主义诉讼结构尽管属于不同的类型,存在差异,但在这一点上却是共同的。由此可以看出,大陆法系民事诉讼法采用的职权主义诉讼结构与原苏联民事诉讼法采用的所谓职权主义截然不同。原苏联的民事诉讼法所采用的诉讼

---

① 参见张卫平:《程序公正实现中的冲突与衡平》,成都出版社 1994 年版,第 8 页。

② 〔美〕约翰·亨利·梅利曼:《大陆法系》,顾培东等译,知识出版社 1984 年版,第 76 页。

结构因为具有较为强烈的国家干预的色彩而被认为是强职权主义或超职权主义，其特点突出表现为，其立法与司法强调国家干预，因而法院在民事诉讼中拥有主导权，法院作为裁判依据的诉讼资料可以不依赖于当事人，而可以由法院依职权独立地收集和提出证据，也就是说，法院的审理和裁判可以不受当事人主张的约束。这种职权主义是以国家干预为其内核的。由于苏联民事诉讼法所采用的这种诉讼结构是建立在计划经济的基础上的，不能适应我国市场经济建立和发展的客观需要，因而不具有借鉴意义。有鉴于此，以下对诉讼结构的研究限于当事人主义和大陆法系的职权主义两种类型。

近几年在关于诉讼结构改革或调整的讨论中，英美法系的当事人主义诉讼结构和大陆法系的职权主义诉讼结构被大量介绍到国内来，对其中的许多制度甚至作了十分细致的介绍。对于当事人主义诉讼结构之下的举证责任制度、双方当事人平等而又对抗的地位、法官的中立与公正、庭审方式等给予充分的肯定并极力主张加以借鉴。这些学术上的探讨对于自20世纪80年代后期以来的审判方式改革产生了不小的影响，在我国1991年公布实施的现行《民事诉讼法》中也得到了一定的反映。有的学者明确提出了实现诉讼结构的当事人主义变更的主张①，也有的学者主张采取职权主义诉讼结构与当事人主义诉讼结构的融合互补，各取所长，建立以当事人主义为主、职权主义为辅的诉讼结构。② 诉讼结构的调整是一项十分复杂的工程，将两种模式的诉讼结构结合诉讼实践进行比较分析，是十分必要的。

客观地讲，当事人主义诉讼结构与职权主义诉讼结构各有利弊，可从以下几个方面进行比较。

第一，当事人主义诉讼结构更加符合客观公正的要求。实行当事人主义的国家，双方当事人是诉讼的主角，诉讼程序的发生、变更、消灭以及证据的提供等均由双方当事人掌握主动权，法官处于中立地位，是一个超然于当事人之外的、单纯的听证者及裁判者。法官不积极主动地询问当事人、证人，不主动调查取证，在法庭审理时也不出示证据，从而避免了自

① 参见陈泉生：《论市场经济与民事诉讼模式的转变》，载《社会科学家》1994年第5期。

② 参见蔡彦敏：《论市场经济形势下民事诉讼结构的调整》，载《政法学刊》1994年第3期。

己偏袒当事人任何一方的各种可能性,这样做比较有利于树立法官公正的形象。而法官的公正与中立从某种意义上讲就意味着程序的公正。

第二,当事人主义诉讼结构能够充分调动双方当事人的积极性和主观能动性。这种诉讼结构将程序的控制权赋予当事人,使当事人在程序中能够充分地享有各种表达自己意志和反驳对方主张的权利和机会,其结果不仅使双方当事人可以充分利用诉讼程序与对方当事人进行对抗,维护自己的合法权益,而且由于程序的控制权交给了当事人,这样就能使争议各方对通过自己的行为而产生的后果感到更加公平和满意,从而也使民事诉讼程序显得更具有民主性。

同时,职权主义诉讼结构与当事人主义诉讼结构相比,则在以下几方面有明显的优势:

第一,职权主义诉讼结构比当事人主义诉讼结构更容易发现真实。在职权主义诉讼结构中,法官可以依职权在正式开庭前审查案情,了解双方争执的焦点,从而确定需要解决的证据问题。在庭审中,法官控制证据的调查和双方的辩论,并且可依法询问证人,必要时可依法调查证据,查清案情。显然,较之于当事人主义诉讼结构中法官作为消极的仲裁者的作法,以及完全依赖于当事人双方的举证、质证、辩论来揭示案情的作法,职权主义诉讼结构显然更加有利于发现真实。

第二,职权主义诉讼结构比当事人主义诉讼结构更富有效率和效益。在当事人主义诉讼结构中,实体利益冲突的双方当事人居于主导地位,证据的提供、证人的询问等均由双方当事人及律师完成。在这个激烈对抗的过程中,当事人为在诉讼中取胜往往最大限度地提供证据证明自己的主张,而对对方的证人及证据则百般盘问和挑剔,其结果是导致诉讼周期漫长,效率低下。而职权主义诉讼结构中的法官则不只是个仲裁者,其依法享有程序的控制权,对证据的调查和证人的询问享有主动权,并可对当事人的诉讼活动以及诉讼程序的进程进行有效的监督,避免当事人不必要的诉讼活动,相比之下效率较高。从程序技术的角度看,当事人主义诉讼结构成本较高。在当事人主义诉讼结构中,提供证据、展示案情的责任在当事人,法官及陪审团只是一个仲裁者,不主动地调查和收集证据,当事人胜诉与否,在相当大的程度上取决于当事人的成本投入。相比之下,职权主义诉讼结构中法官依法控制诉讼进程,并有权收集证据,调查案情，因而当事人的成本投入就要低得多。

在当事人主义诉讼结构与职权主义诉讼结构二者之间，我国应当选用哪一种诉讼结构？尽管理论界不少人主张选择当事人主义诉讼结构，改革过程中也引入了当事人主义的一些作法，但笔者认为选择职权主义更符合公正与效率的要求，也更加适合于我国国情。不过，在对这个问题进行深入探讨以前，必须澄清两个认识问题：第一，我国一直沿行的超职权主义诉讼结构绝不能等同于职权主义诉讼结构，这是两种完全不同的诉讼结构模式。当谈论到选择职权主义诉讼模式时，有人立即就将超职权主义诉讼结构中我们欲予革除的弊端与职权主义联系起来，这或许是职权主义诉讼模式在我国受到冷落的一个重要原因。实际上，正如前面所述，我国的职权主义是苏联式的，是以国家干预为基本诉讼理念的超职权主义；而大陆法系国家的职权主义诉讼结构，则是以辩论主义和当事人处分主义为基本原则的职权主义诉讼结构，这是与前者不能同日而语的。第二，有学者主张，我国应像日本那样，吸取两种诉讼结构的优点，建立混合式或结合式的诉讼结构模式。在笔者看来，这两种诉讼结构似乎难以融合，因为在一些重大问题上两种诉讼结构所采取的态度是对立的。由于这种截然不同甚至是对立的作法，使当事人主义诉讼结构与职权主义诉讼结构难以融合，一定要融合的话，就会造成诉讼机制运行的不协调。所以，无论是从理论上还是从实践上看，混合式或结合式是不现实的。那么，日本的民事诉讼结构不是混合式吗？应当指出，对日本民事诉讼结构的评价应当分两个阶段来看。最初的日本民事诉讼法受德国法影响较深，诉讼结构属于职权主义模式。但在战后其诉讼结构则发生了相当大的变化，受美国民事诉讼法的影响，日本的民事诉讼结构实现了向当事人主义的过渡，突出表现在削弱了法官的职权，同时增强了当事人之间的对抗，并直接导入了一些当事人主义诉讼结构中颇具代表性的具体制度，如交叉询问制度等。因而从诉讼结构的性质考察，现行日本的民事诉讼结构是以当事人主义诉讼结构为基础而建立的，尽管还残留了一些职权主义诉讼结构的因素，但那已不是主流了。

笔者之所以主张我国《民事诉讼法》选择职权主义诉讼结构而不选择当事人主义诉讼结构，主要有以下几个方面的理由。

第一，民事诉讼结构由强职权主义向职权主义诉讼结构的转换，适应了我国民事审判方式改革的现实需要。在我国强职权主义诉讼结构中，法院与当事人之间的关系反映了计划经济体制下国家与经济主体的关系，国家干预色彩较浓。法院在民事诉讼中除了维护当事人的合法权益以外，更要考虑国家和社会的利益。但在市场经济体制下，社会结构、社会关系发生了深刻变化，作为经济主体的公民、法人或其他组织，不仅在经济生活中，而且在诉讼领域内有了尊重权利、自由处分、充分对话等愿望，而强烈的国家干预色彩则显得与之很不适应。在这种情况下，选择以辩论主义和当事人处分主义为基本原则的职权主义诉讼模式就成为一种必然。

第二，选择职权主义诉讼结构比较容易被现行诉讼体制所接纳。如前所述，我国的民事诉讼制度乃至整个实体法律制度受前苏联影响很深，而前苏联的法律制度又是对原俄国法律制度的“批判性”继承，原俄国的法律制度是属于大陆法系的。我国自清末以来的民事诉讼法典可以说直接受到大陆法系国家民事诉讼法的影响，这就决定了在诉讼制度方面我们由强职权主义向职权主义的过渡不仅具有必要性，而且具有可行性。从诉讼法的理论体系来看，我国民事诉讼理论体系的建立与发展，也是从清末开始就受到大陆法系国家的影响，一些法律术语、理论概念，如诉讼法律关系、诉与诉权、诉讼标的等，都是由大陆法系国家的民事诉讼法及诉讼理论传入我国。而英美法系国家中的民事诉讼运行方式与我国有相当大的差异，所使用的法律术语、法律规范以及实际操作对我国而言都比较陌生，这些对诉讼结构的调整都具有十分重要的影响。假如我国以英美法系国家的当事人主义诉讼结构为基点进行改革，就会遇到来自这些方面的障碍，同时与我国的实体法系统也不配套，因为我们的整个实体法系统都比较接近于大陆法系国家。另外，从制度上看，实行当事人主义的英美法系国家在整个司法制度方面与我国司法制度有相当大的差异，如检察制度、律师制度、法官的任免制度等，这些因素都必然会制约我们对当事人主义诉讼结构的选择。

第三，从当事人主义和职权主义诉讼模式的特点及优、缺点的比较看，职权主义诉讼结构在发现真实和追求效率方面都优于当事人主义诉讼结构，而这些正好与我国诉讼程序的价值取向及社会需求相吻合。发现真实是以事实为依据、以法律为准绳原则在诉讼中的体现，是司法工作人员以及当事人所共同追求的理想。尽管受人们认识能力、客观条件和案件审理期限等因素的制约,通过诉讼完全掌握案件事实真相在某些情况下很难实现,甚至不能实现,但是最大限度地追求真实并以程序制度作为保障,这种努力却是不能够放弃的。职权主义诉讼结构相比之下更有利于发现真实,这是职权主义诉讼结构中法官的地位、作用以及与当事人的关系所决定的。在对待发现真实的关键——证据问题上,职权主义诉讼结构中取决于法官。虽然证据信息来源于双方当事人,但法官有权决定向当事人、证人询问和调查哪些证据,有权审查、判断证据,从而将发现真实建立在法官对证据的能动的认识作用上。而在当事人主义诉讼结构中,法官的能动作用受到很大限制,裁判的结果在相当程度上取决于双方律师在法庭上的调查和辩论,取决于他们的能力、辩才和对程序技巧的掌握适用。因此,人们认为大陆法系国家实行的是实体真实主义,而英美法系国家的当事人主义则具有形式真实的倾向。[①] 显然,实体真实更符合我们的价值取向。

从诉讼的效率与效益方面看,当事人主义诉讼结构成本较高,程序复杂,诉讼的周期也比较长,这种诉讼结构相对于我国现实的各种客观条件,至少在近期内是很难被接纳的。不要说13亿人的大国里公民的法律意识、法律素养距当事人主义诉讼结构的高度职业化、技术化要求相差千里,就是诉讼的重要角色——法官的状况也是难以接纳当事人主义的。在这种条件下,如果硬要推行当事人主义,不仅难以保证发现真实和程序公正,而且必然将当事人主义诉讼结构相对低效率、高成本的缺陷放大。这是与我国改革民事审判方式的目的相违背的。我们在着手对民事诉讼结构进行调整之际,或许更应当对美国国内批评"昂贵的诉讼费用和漫长的诉讼期限"的声音给予必要的关注,以避免陷入同样的困境。

二、释明权:制度基础透视与制度构建

(一)释明权及其制度基础

释明权,又称法官释明权、阐明权,是指当事人在诉讼过程中的声明

① 参见宗智:《改造刑事诉讼结构应当慎行》,载《法学研究》1994年第6期。

和意思陈述不清楚、不充分时，或提出了不当的声明或陈述时，或所取证据不够充分却以为证据已足够时，法官以发问和晓谕的方式提醒和启发当事人把不明确的予以澄清，把不充分的予以补充，或把不当的予以排除，或者让其提出新的诉讼资料，以证明案件事实的权能。① 释明权具有以下法律特征：第一，释明权的主体是法院，释明是法官的职责和职权，它属于法院诉讼指挥权的范畴；第二，释明权只能在特定情形下使用，这些情形主要是当事人提出的诉讼主张或陈述不清楚、不充分或自相矛盾，应提出的证据材料没有提出；第三，释明权的行使方式是通过向当事人发问，提醒和启发当事人对诉讼主张、诉讼资料予以澄清、补充和修正；第四，释明权行使的目的是为了促使当事人将其诉讼主张和事实陈述完整，将不当的主张予以排除，将不充分的证据材料予以补足。

释明权是西方民事诉讼立法与理论体系中一个十分重要的概念。释明权制度最初是德国等大陆法系国家为克服法国1806年民事诉讼法的自由放任倾向，即消除在法院不协助当事人进行诉讼的古典主义的弊端而提出来的诉讼指挥权制度。② 1806年法国《民事诉讼法》的制定正处于自由资本主义时期，该法体现了私有财产绝对权利、契约自由、意思自治等资产阶级民事法律的基本原则。当事人在民事诉讼结构中享有充分的处分权，实行辩论主义。1877年的德国民事诉讼法虽然是在法国民事诉讼法的模式基础上制定，但立法者却意识到，在民事诉讼过程中过分强调当事人的作用而忽略了法官职权指挥诉讼的作用，势必影响诉讼效率甚至可能带来实体的不公。与此同时，德国民事诉讼理论界诉权公权说占据了主导地位，“诉讼不仅仅是当事者私人之间的事务，这在德国也是一个得到广泛承认的命题。既使开始纯粹是私人间的事务，一旦交给法院处理就变成了公共事务。”③因此，1877年德国《民事诉讼法》便规定了释明（Aufklaerung）。④ 1895年的奥地利《民事诉讼法》、1890年的《日本民事诉讼法》，都有关于法官释明权的明确规定。19世纪末，法国的民事诉

① 参见杨建华主编：《民事诉讼法之研究》，台湾三民书局1984年版。

② 参见白绿铉：《论现代民事诉讼的基本法理》，载《中外法学》1999年第1期。

③ 参见〔日〕谷口安平：《程序的正义与诉讼》，王亚新等译，中国政法大学出版社1996年版，第26页。

④ 参见张卫平：《诉讼构架与程式》，清华大学出版社2000年版，第186页。

讼理论界也对法院在民事诉讼过程中过于消极被动、完全受制于当事人的做法提出了批评，认为不能把诉讼的指挥权完全交给当事人，法官也应该对诉讼的运行有一定的控制权。德国、奥地利等国家民事诉讼法典的制定，促使了法国对1806年民事诉讼法典的修改，该法对当事人和法院在诉讼中的地位及作用进行了调整。英美法系国家虽无成文法直接规定释明权，但二战后，英美法系国家中的法官职权也有所加强，出现了许多管理型的法官，因为他们不仅意识到绝对的当事人主导会导致诉讼迟延、成本高昂等弊端，而且即使出于功利考虑，诉讼案件膨胀这一无法回避的现实，也促使他们不得不通过扩大法官职权来提高司法效率。

之所以在大陆法系和英美法系国家都有释明权的规定，这确非一个偶然事件。辩论主义和处分权主义是现代西方国家民事诉讼的两大基石，释明权的制度基础正是辩论主义。辩论主义意味着只有当事人在诉讼中所提出的事实，并经过辩论才能成为法院判决的基础。其核心体现在它规制着当事人与法院的基本关系。只有在辩论主义的制度背景中，由于法院判决所依据的主张、诉讼资料均来自于当事人，所以如果当事人的声明、陈述和证据方法不明了、不完善，法院就会以此为依据作出不利于该当事人的判决。也就是说，按照辩论主义，如果当事人持有证据但不知道应当向法院提供，法院也不能启发他提供或补充证据，法院就只能判决其败诉。显然，彻底的辩论主义在发现真实、保障当事人合法权益方面是有缺陷的，“这种审判结果自然与国家设立民事诉讼的目的相违背，因而也是对公正、公平审判目标的讽刺”[①]。释明权就是在此制度背景下产生并与辩论主义共生存的。

辩论主义的对立物是职权探知主义，即法院判决所依据的诉讼资料由法院依职权收集，不受当事人诉讼资料的约束。法院在诉讼的任何阶段，均可通过询问当事人、证人甚至依职权调查取证，从而获得裁判所需要的证据材料。至于在诉讼程序的发生、变更、消灭方面，法院也可依职权决定，或者虽然立法上规定当事人享有相应的程序权利，但仍要接受法院的审查并且由法院决定。不过，职权探知主义的事实审理方法也确实

① 〔日〕大村雅彦：《民事诉讼法讲义概要》，台湾中央大学生协会出版局1997年版，第65页。

具有某种优势，主要表现在，法官以其职业素养容易较为准确地确定双方争执的焦点，确定调查事实的范围，可以避免当事人过于强调自己的立场而纠缠细枝末节，造成诉讼效率低下和司法资源的浪费。因此，在实行职权探知主义的国家，不需要释明权这样一种机制，民事诉讼法没有关于释明权的规定，理论上也不研究释明权问题。

在辩论主义与职权探知主义的对比中，显然职权探知主义是由法院依职权进行事实审理，当事人被排除在发现真实的活动范围以外，因而当事人的主体地位不能得到体现，不利于调动双方当事人辩论、对抗、质证的积极性，并且法院行使职权可以不受当事人诉权的制约，因而容易动摇诉讼程序的正义性基础，因而在进入现代社会特别是市场经济社会之后，各国纷纷放弃职权探知主义而转向辩论主义。

释明权制度是辩论主义的产物，从释明权性质的演变及其各种学说，到释明权规定的具体内容，无一不是建立在辩论主义的基础之上。关于释明权的性质，在德国早期，释明曾被认为是一种权利；但后来德国、法国学者认为释明权是一种义务；在日本及我国台湾地区，学者们认为释明既是一种权利又是一种义务。不论如何解释释明权的性质，相对于当事人的诉权而言，释明权属于法院的诉讼指挥权，是诉讼指挥权的内容之一，也是审判权的组成部分之一，既是法院的职能又是法院的职责。其正义性根源，一方面在于诉讼程序的公法性，另一方面则正是来源于辩论主义：其释明的内容及范围被限定在当事人主张的范围以内，因而它既克服了职权探知主义的致命缺陷，又使辩论主义趋于完善。

进入现代社会以后，“民事诉讼法的发展史就是一部法院或法官的诉讼职权不断强化的历史”。不仅如此，“强化法官对诉讼程序的管理和监督，增大法院和法官对诉讼过程的介入和干预，是近年来西方国家民事诉讼体制改革的基本倾向。”[①]在这个过程中，法官释明权的强化及释明权制度不断完善的趋势是非常明显的。可见，作为释明权制度基础的辩论主义，从来就不排斥法院的职权，决定辩论主义或是职权探知主义的关键性因素不是法官职权（包括释明权）的大小与多少，而是当事人与法官在诉讼中的地位及相互关系。西方国家无论是以何种形式加强和扩张法院

① 黄松有：《诉讼指挥权：正当性基础与制度建构》，载《中国社会科学》2003 年第 6 期。

的职权，都没有改变辩论主义这一基础，辩论主义过去是、现在仍然是释明权最重要的制度基础。

（二）释明权在我国的立法与实践

在新中国成立以来的我国民事诉讼立法中，并无严格意义上关于释明权的规定，相应地也就没有法院行使释明权的实践。如前所述，辩论主义是释明权的制度基础，而在我国，民事诉讼中的事实审理大都实行职权探知主义，法院可依职权调查取证并将其作为裁判的根据，对审理对象的确定、证据的收集调查均可不受当事人的约束而享有绝对的职权。例如，根据 1982 年颁布实施的《民事诉讼法（试行）》的规定，“人民法院应当依照法定程序，全面地、客观地收集和调查证据”；“第二审人民法院必须全面审查第一审人民法院认定的事实和适用的法律，不受上诉范围的限制”。因此，在当事人的主张、请求、陈述意思不明确或不充分、不适当的情况下，法官根本无需通过行使释明权来解决。

近十几年来，随着市场经济的逐步建立和发展，传统的审判方式暴露出种种弊端，直接影响了法院及时审理日益增加、日趋复杂的民事案件，于是，我国法院系统从 1988 年下半年开始进行了民事审判方式的改革，从最初强化当事人的举证责任到法院的工作重心由全面收集收证据转为全面审查核实证据；从落实公开审判，到强化合议庭功能；从加强当事人庭审质证、辩论到强调法官公正裁判，越来越清晰地凸现出改革的主基调——强化当事人的主体地位、弱化法院的职权干预。[①] 在 1991 年修改后颁布的民事诉讼法中，改革的部分阶段性成果得到了反映，如将诉讼程序的启动权更多地交给了当事人；改变法院全面、客观地收集证据的作法；将第二审法院的审理范围限定在当事人的上诉范围以内等。此后的若干年里，改革的实践中越来越多的呈现出当事人主义诉讼模式中的某些作法，而法院的职权作用明显减少，最突出的表现就是在证据的收集方面彻底改变了“当事人动嘴、法官跑腿”的传统作法，代之以当事人承担举证责任，诉讼的进程及结果更多地依赖于当事人。

与现代西方国家普遍强化法官诉讼职权的作法相反，在民事司法改

---

① 参见陈桂明：《程序理念与程序规则》，中国法制出版社 1999 年版，第 77—91 页。

革的过程中，我国法官的诉讼职权在减弱，这固然是对以往超职权主义的一种矫正，但是在辩论主义没有确立、当事人主体地位没有充分保障的前提下，单纯削弱法官的职权，只会将辩论主义中过分依赖当事人所带来的缺陷放大。当事人因为不具备基本的诉讼意识、诉讼知识而在诉讼中导致“陈述不适当、不完善”的情况普遍存在，此时法院若退居消极、被动的仲裁人位置，其结果必然是离客观真实、实质公正更远，通过司法实现社会正义的理想更难以实现。也正因为如此，越来越多因此而败诉的当事人对于这种改革是心存困惑、疑虑和不满的。

针对这种现象，学术界开始有人对法官释明权进行思考和研究，意识到释明权对于正在向当事人主义过渡的中国具有重要借鉴意义。而身处民事审判方式改革第一线的法院，更是在司法审判中开始实践着释明权制度的重要精神和原则。尤其值得注意的是，北京市第一中级人民法院近期出台了关于法官释明权的规定，据报道，该院要求法官在诉讼中加强对当事人的诉讼指导，确保当事人的诉讼知情权和参与权，消除当事人的疑虑，避免一部分当事人由于诉讼知识和法律知识的欠缺而输了官司，从而增进当事人接受法院判决、服判息诉的效果。“自这一做法实施后，该院民事案件的撤诉率和调解率不断上升，尤其是在婚姻家庭案件上体现得尤为突出。2004 年上半年，婚姻家庭会议庭共审理二审民事案件 87 件、其中 31 件案件撤诉式调解，调撤率比去年同期上升了近 40%”。最高人民法院江必新副院长在全国行政审判工作会议的讲话中也明确提出：“要充分运用释明权，通过必要、公正的诉讼指导方式，告知当事人举证责任及其他各种诉讼权利义务，充分听取当事人的质辩和意见，避免当事人因请不起律师或者缺乏诉讼知识而承受不利后果”。这一动向值得关注。

不论是理论界对释明权的研究，还是法官对释明权的实践，出现在民事审判方式改革的今天，绝不是偶然的。与审判方式改革最初由法院启动的情形相类似，释明权的实践也具有较多的自发性成份。但这种自发性往往蕴含着某种事物发展的内在规律。我国目前关于释明权问题的立法、实践与理论，亟需从思想观念、法理机制、制度构建等方面进行整理与研究。对此，笔者以为，准确认识我国现阶释明权的立法与实践，是一个十分重要的和基本的前提。

从立法层面看，在我国民事诉讼立法中，并不存在严格意义上的释明权制度。有人将民事诉讼法中关于告知当事人诉讼权利义务的规定视为释明权的规定。这是很牵强的。现行《民事诉讼法》的颁布与修订之时，还未确定辩论主义，作为辩论主义产物的释明权不可能有意识地植入我国民事诉讼法中，事实上，关于诉讼权利告知的有关规定，客观上也的确不是出于弥补辩论主义不足的考虑。即使这些规定与释明权的某些规定在内容上有相似之处，以今天的眼光去解释当时的立法的内容也是不合适的，否则我们完全可以说，早在1982年的《民事诉讼法(试行)》中就有释明权了。仔细分析最高人民法院《关于民事诉讼证据的若干规定》(以下简称《证据规定》)第35条的规定，实际上也是告知而不是释明。告知与释明确有共同之处，表现在二者都是法官行使诉讼指挥权的具体体现，对于当事人进行诉讼活动都有一定的指导作用，并且对诉讼活动可能会产生一定的影响。释明有时可能也会以告知的方式进行。但告知与释明是有区别的：首先，释明以辩论主义为基础，有特定的功能和特定的内容，而告知则无法以辩论主义为基础。其次，前提不同。释明的前提是当事人的声明、陈述不当或不明确，而告知则不需要这个前提。再次，法律后果不同。释明权无论被解释为一种权利还是一种义务，都与一定的法律后果相联系，应释明而未释明，可成为当事人上诉的理由，而告知则不具有这种法律后果。第四，限制不同。释明的基础是辩论主义，因此法官的释明应受辩论主义约束，即应在当事人主张的范围内进行，“若依当事人言词之主张或书状之记载，根本无法引起发问或晓谕之线索，则不得迳以己忌为发问式晓谕”[①]；而告知则不受辩论主义的约束，告知事项的范围也较释明广泛，立法上一般不对告知作限制性的规定。

综上，笔者认为，在我国目前的立法中尚不存在释明权制度，已有的关于告知的规定，无论是从功能上，还是从内容及结构上，都不可能发挥释明权应有的功效，不能满足实践需要，因此，我们需要根据中国的现实从立法上解决释明权制度的构建问题。

从实践层面看，正如民事审判方式的改革率先由法院启动一样，法院对于释明权的实践，再一次走在了立法的前面，可以说北京市第一中级人民法院关于法官适度行使法释明权的规范已基本具备了释明权制度的要

① 杨建华、郑健才、王甲乙：《民事诉讼法新论》，台湾三民书局1991年版，第280页。

素。首先,从理念上充分肯定当事人的主体地位;其次,指导思想是为了加强对当事人的诉讼指导,确保当事人的诉讼知情权和参与权;最后,关于释明的对象、范围、方式的规定已比较具体、明确,具有操作性。但这一规范所能适用的法院有限,它也不可能对违背释明权制度的法律后果这样的立法问题作出规定。因此在充分肯定其现实意义的同时,也不能不承认其局限性。据了解,在全国法院系统已有不少法院在审判中有行使释明权的实践。这一方面说明,释明权制度在我国民事诉讼法中的确立,具有客观必然性和现实基础,另一方面也说明,民事诉讼法对释明权作出全面规定已刻不容缓,如果不从立法上作出统一规定,法官行使释明权将无法可依,势必在审判实践中造成各地法院各自为阵的混乱局面。

(三) 释明权制度的基础培育与立法构想

就释明权本身而言,它是民事诉讼法中一项微观的制度,在已有成熟范本及成功经验借鉴的情况下,借民事诉讼法修改之机对其作出规定,并不是一件困难的事。但在我国职权主义已被清算,以辩论主义和当事人处分权主义为核心的当事人主义模式并未建立起来的今天,加强对释明权基础的培育,并解决几个相关的思想观念问题,无论对释明权的立法还是实践,应当是更加至关重要的。

1. 释明权在我国的现实基础

尽管有很多人认为我国已从职权主义诉讼模式转变为当事人主义的诉讼模式,在我国民事诉讼立法中,也确实出现了一些具有当事人主义特征的规定,如举证责任、证据交换、自认等,法院在审判实践中甚至连一步到庭、交叉询问都有了。但笔者始终认为,当事人主义最核心的内容(原则)——辩论主义在我国还远未建立。如前所述,辩论主义是指只有当事人在诉讼中所提出的事实并经辩论,才能作为法院裁判的依据,反之,当事人在诉讼中没有提出并辩论的事实就不能作为法院裁判的依据。由此可见,辩论主义是对当事人辨论与法院裁判二者之间关系的界定与说明,二者之间的关系不同,对民事诉讼体制及一系列诉讼程序的构建与运行都将会产生直接的影响。在我国现行的民事诉讼法中,法院的审理对象、范围及裁判受当事人主张的约束,至少在立法的指导思想上是不存在的,而在裁判中不反映或不全面反映双方当事人辩论意见及证据的法官却是大有人在。“民事诉讼中法官与当事人关系问题，是一切民事司法程序的中心，它不仅制约着民事诉讼程序的具体样态，而且也决定着民事诉讼体制发展的基本走向”。[①] 在我国未来的若干年里，民事司法改革应抓住落实辩论主义、尊重当事人的程序主体地位这一核心问题。

我国现阶段对于释明权制度构建的基础，与当年西方国家释明权制度构建的基础有很大的不同：西方国家是出于对绝对的辩论主义、过度的当事人主义的矫正，而我国则根本不存在这样的基础，相反，在我国法院审判民事案件的实践中，法院及法官观念中职权主义的观念以及处事方式根深蒂固，中国民事诉讼法规定的法官在庭审过程中所享有的权限过大，几乎达到不受限制的地步。[②] 因此，释明权制度在中国的建立，必须将落实辩论主义与释明权制度建设结合起来，同步进行。如果盲目地认为我国已经是当事人主义了，并在此基础上强调法官的释明权，很容易又回到职权主义的老路上去，经过释明后当事人的陈述或声明就依然不能成为裁判的基础。所以，辩论主义在中国的确立带有根本性。

辩论主义的确定是一个立法问题，更是一个观念问题、一个思维方式问题。即使随着民事诉讼法修改我国确定了辩论主义，作为裁判者的法官观念上不转变、不配合，释明权制度也不能很好运作。我国传统的审判理念是职权主义的，这种理念常常会很自然地带入对具体审判实务的处置中。虽然经过十几年的改革，当事人的举证、质证、辩论与对抗在加强，但在庭审中当事人的陈述、辩论经常被法官以“与本案无关”为由打断，而“与本案有关”的争执的焦点却不是由当事人而是由法官依职权确定的；有的法官虽然让庭审辩论质证顺利完成了，但却不是依据庭审辩论、举证的情况而是依职权“自由裁量”作出裁判，当事人拿到的裁判文书与自己所参与的辩论程序没有关系；有的法官甚至不能忍受当事人在庭上长时间的陈述与辩论，毅然地打断当事人发言，让双方庭后将各自的书面辩论意见呈到法庭，供该法官在裁判时自由取舍。因此，目前最重要的是确立辩论主义的理念与思维。民事诉讼所要解决的是平等的民事主体之间私权之争，应尊重冲突主体的自由意志，争执的对象、诉讼主张及证据

---

① 黄松有：《诉讼指挥权：正当性基础与制度建构》，载《中国社会科学》2003 年第 6 期。

② 同上。

材料的提出均应由当事人决定，裁判应在辩论的基础上作出，只有在当事人因为不懂法或没有诉讼经验而导致陈述不完备、不明确，或证据方法不当时，法院才通过行使释明权令其完善或明确，从而保障当事人诉讼权利的有效行使，保障裁判结果与诉讼程序的公正性。

2. 释明权与法院职权

释明权属于法院的职权，属于诉讼指挥权的一部分。在西方，与释明权制度的建立与完善相伴随的，是法院职权的扩张与加强。但我国目前建立释明权制度，却有着经过民事司法改革、强化当事人的主体地位并相应地弱化法院职权的背景，因此有人担心，构建释明权制度是否会与我国司法改革的方向发生冲突？在这一点上，我国与西方国家虽有不同，但只要我们坚持改革的方向，辩论主义就是必然的选择。在辩论主义的基础上，当事人是决定诉讼对象与诉讼发展方向的主导力量，法院在此基础上行使必要的职权，不仅是具有正当性的，也是必需的。在我国的司法实践中存在着这样一个认识上的误区：将职权与职权主义等同，认为既然向当事人主义转变，那么法院就应当是消极中立的，应尽量少的行使职权。在释明权制度的构建中，这一误区必须澄清。实际上，不论是采用哪种审判模式，法院的职权都是必不可少的，重要的是，这些职权是建立在辩论主义的基础上还是职权探知主义的基础上。行使释明权的法官应当对辩论主义的本质含义和基本要求准确把握，处理好当事人辩论与法官裁判之间的关系。当然，立法上也应当对释明权的范围、释明的程度等作出明确的规定，为法官行使释明权提供依据。

3. 释明权与诉讼的价值目标

如果说，西方国家的民事诉讼法加强并扩张法院职权，其首要的或主要的动因是出于诉讼的经济性、迅捷性考虑，那么，在我国目前情况下，笔者以为释明权最重要的价值是对公正的追求。理由是：第一，虽然辩论主义充分尊重当事人的主体地位，但正因为当事人的诉讼行为对诉讼结果将会产生更为直接的影响，因而当事人如果不能正确理解实体法和程序法，不能在诉讼过程中准确地主张与陈述，不能很好提供和运用证据，就难以获得胜诉。而现实是我国当事人的这种诉讼能力很弱，即使是这样，当事人还是大量的亲自诉讼，如果法院完全处于消极的裁判的地位，不闻不问，那么相当多的当事人就有可能因此败诉。“通过司法实现社会正义”就将不能实现。第二，辩论主义的基本程序结构是双方平等对抗，法官居中裁判；以此实现公正的前提条件是：双方当事人完全平等、攻防能力平衡。然而现实中诉讼的双方当事人常常是不平等的，特别是一方有专业的律师代理，而另一方因为经济能力限制而不得不亲自诉讼时，预设中的攻防平衡就会被打破，较弱的一方当事人往往不能有效行使法律赋予自己的诉讼权利。如果赋予法官必要的释明权，将能够有效地维护当事人平等的诉讼地位以及均衡的攻防能力。尤其在我国目前公民文化素质、法律素质整体水平较低，法律援助制度不够健全的情况下，释明权在保障公正方面具有积极意义。第三，释明权应以探明当事人真意为目的，避免在辩论、对抗中因一方对法律的误解，或另一方的诉讼技巧而导致错误的事实认定，从而保证正确处理案件，因为“民事诉讼是为保护权利而设立的一项制度，并非偶然因为当事人玩弄技巧或实施泯灭良心的行为就能决定其胜诉败诉的制度”①。如果明知当事人不懂法而作出了不真实、不明确的主张或陈述，法官却坐视其败诉，不仅违背司法的公正，而且损害司法的威信。

尽管释明权制度在诉讼效率方面的作用也十分明显，但在我国目前情况下，对于公正这一价值目标的追求与保障作用更为重要。

（四）释明权立法中的几个问题

1. 释明权的功能与原则

释明权属于法院诉讼指挥权的范畴。诉讼指挥权是法院为保证诉讼程序的顺利进行，对于诉讼中有关程序事项进行处置，并对整个诉讼活动、诉讼行为进行管理、控制的权能。诉讼指挥权的内容在我国民事诉讼法中早已有规定，如向当事人告知诉讼权利义务；确定期间、期日；管辖权的移送；追加当事人；主持庭审；决定诉讼程序的中止、终结等。有学者将诉讼指挥权概括为程序和实体两部分，上述内容属程序上的诉讼指挥权，而释明权制度则属于实体方面的诉讼指挥权。笔者认为，这种划分准确地表述了释明权的定性与定位，同时也为我们确定释明权的功能与原则提供了帮助与指导。

---

① 张卫平：《诉讼构架与程式》，清华大学出版社 2000 年版，第 174 页。

释明权的功能主要在于帮助当事人整理并形成审理对象，这当然会涉及到诉讼的实质内容。正因为如此，法官行使释明权时应当立足于“帮助”而不是代替当事人最终确定自己的诉讼请求。只有这样，才能保证当事人的处分权，才符合辩论主义基础上关于法院权能与当事人权能的定位，从而既保障当事人在实体问题上的决定权，又尽可能地避免绝对辩论主义所带来的弊端。释明权制度的功能正是以这种方式体现出在追求公正与效率方面的价值。

法官行使释明权应遵循以下原则：第一，在探求当事人真实的基础上尊重当事人的选择权。诉讼请求以及相应的证据怎样提出，本应由当事人决定。但当事人常常因为不理解法律规定而提出了不明确或不适当的诉讼请求，事实上这并非当事人的真实意思，通过行使释明权，当事人知悉了应当如何补充或修正自己的诉讼请求，在此基础上应由当事人作出理性的选择，同时也允许当事人放弃。比如当事人提出赔偿经济损失的请求，法院可以根据事实和法律行使释明权，使其知道自己还可主张精神损害赔偿，但该当事人经考虑决定仍坚持原来的诉讼请求，那么法官应尊重其选择。如果当事人是因为不知道而没有提出精神损害赔偿，他就没有选择可言，也不是他的真实意思。法官行使释明权无论如何都不能代替当事人作出决定，这是辩论主义决定的。第二，法院行使释明权必须中立，并且程序应公开透明。法官应平等的向双方当事人行使释明权，并听取各方的补充意见，如果根据需要向一方行使释明权，那么应向其对方当事人告知，以便于其及时调整防御手段，平衡双方当事人的对抗力量。既要保证实质公正，又要保证程序公正。

2. 释明权的适用情形与方法

释明权与一般的诉讼指挥权不同，一般的诉讼指挥权主要适用于对诉讼程序的管理，释明权则适用于以下特定事项：

(1) 当事人的诉讼请求不明确。有些案件的当事人由于不理解、不知道有关法律的规定，提出的诉讼请求不明了，甚至可能有矛盾。出现这种情形，不仅影响对自己合法权益的保护，而且对方也难以进行有效的答辩。此时，法院不应以此为基础作出裁判，而应向当事人发问，或指出其矛盾之处，促使其对自己的诉讼请求表述清楚。

(2) 当事人的诉讼请求不适当。诉讼请求不适当，包括诉讼请求于法无据、没有意义或带有欺诈性。法官通过释明,让当事人去除或变更不当之处,从而使诉讼能够有效进行。

(3)证据资料不充分。证据资料是当事人攻击防御的主要方法,按照举证责任分配的原理,证据资料不充分可导致败诉。实践中,有的当事人因为对事实或法律的误解等原因,提供的证据资料不够充分而自以为已经很充分,这时,法院应通过发问等方式促使其补充,此种释明也适用于当事人对事实的陈述。

对于释明的具体方式,德国民事诉讼法规定了三种,即发问、晓谕、过议;我国台湾地区的民事诉讼法主要规定了发问、晓谕二种;而日本民事诉讼法只规定了发问一种。笔者认为,在我国民事诉讼法中至少应规定发问和晓谕二种。通过发问,可使当事人对其诉讼请求不明确或不适当之处作出说明和解释,从而促使其诉讼请求明确、适当;晓谕,也称提醒,意在提醒当事人因为误解、忽视或不知有关法律的要求,致诉讼请求不当,尤其是在提供证据方面有欠缺时,促使当事人作出适当的补充。

法官行使释明权之后,依照处分原则,应由当事人对自己的诉讼请求或提供的证据作出清理、补充或经自己思考后决定是否作出适当的变更,法官在此基础上进行法律上的判断。法官不应当直接要求当事人变更不合适的诉讼请求。实践中,有的法官以最高人民法院《关于民事诉讼证据的若干规定》第35条的规定为依据,要求当事人必须变更诉讼请求,这样做不仅容易侵犯当事人的处分权,也难以保证法官对当事人诉讼请求的适当与否的判断就一定正确,如果依法官的判断变更了诉讼请求,重新确定了审理对象,最后当事人仍然败诉了,当事人难以服判,甚至会认为裁判不公。所以,笔者认为,最高人民法院《关于民事诉讼证据的若干规定》第35条的规定有法院以职权干预当事人处分事项之嫌,是值得反思的。释明权重在释明,释明之后当事人对诉讼请求及证据是否补充,是否说明,是否变更,均应由当事人自己决定。

3. 释明权与法律后果

民事诉讼法应对法官行使释明权的法律效果作出规定,但如何规定却值得探讨。

从当事人方面看,法官行使释明权后,当事人可能按照法官的提醒或晓谕去做。但有时会出现当事人不按法官的提醒或晓谕去做,在这种情况下,法院应如何裁判?对此理论上存在两种观点:一种观点认为,如果当事人坚持原诉讼请求而不愿意变更,法院可以不依当事人确认的诉讼请求,而是通过自行认定的法律关系的性质和民事行为的效力来进行判决。另一种观点认为,法院应坚持辩论主义,即法官在行使释明权后,当事人不按照法官的提醒或晓谕去做,应当将法官和当事人的诉讼行为记入笔录,并应针对当事人的诉讼请求予以判决。笔者认为,民事权利是当事人的私权,当事人有自行处分的权利,法院不宜置当事人的主张、请求于不顾,根据自己的判断作出裁判。即使当事人经法官的提醒或晓谕后仍坚持原诉讼请求,并且该诉讼请求确实于法无据,那么法院应依法驳回其诉讼请求。

从法院方面看,释明权是法院诉讼指挥权的重要内容,既为法院的职权,又为法院的职责,法官应当依法行使释明权。如果法官在诉讼过程中因素质问题、法律水平问题没有行使释明权,应视为是诉讼程序的重大缺陷,那么法院就应当承担其违反民事诉讼法的责任,当事人因此遭受不利的诉讼后果的,应成为当事人上诉的理由以及上诉审法院发回重审的理由。在我国台湾地区,就有上诉审法院因一审法院不行使释明权而将其判决予以废弃的案例。同时,法官行使释明权应限定在必要的限度内,过度行使释明权也应承担一定的法律责任。因为法院行使释明权客观上意味着对较弱一方当事人的援助,过分地行使释明权不仅使辩论主义受到冲击,而且也可能导致对程序公正的破坏。因此,为了防止这种危险,许多国家的民事诉讼法一方面通过明确规定释明权的范围事先加以防范,另一方面则规定了事后补救措施,即赋予当事人异议权。当事人可以对法官的释明行为提出异议,法院应对异议进行审查并作出书面裁定。我国民事诉讼法也应当对法官行使释明权的法律责任作出必要的规定。

4. 释明权与法官素质

释明权的行使是一个实践性很强的问题,它要通过法官的诉讼行为来完成。因此,释明权制度的良好运作将对法官的素质提出更高要求。在个案的诉讼过程中,是否需要释明、以何种方式释明、释明的程度以及释明之后的裁判等问题,都需要法官作出正确的判断。否则,将可能导致释明权应当行使而未行使,不能有效地保护当事人的合法权益,或因行使不当而侵犯了当事人的处分权,或者因过度行使而重蹈职权探知主义的覆辙，并因此背离了设置释明权制度的目的。为此，法官除应具备过硬的政治素质和高尚的职业道德外，还必须注意以下几个方面：第一，法官应对诉讼程序的基本价值取向、诉讼模式、原则等有明确的认识和深入的理解，从而在行使释明权时能够公正、中立、公开、透明；第二，法官应对释明权的制度基础、功能与作用正确把握，从而妥善处理当事人辩论与法院裁判的关系，公正并且有效地保护双方当事人的合法权益；第三，法官应不断提高自己的专业素养，精通并娴熟地运用法律，从而保证对当事人的主张、请求或陈述以及所提供的证据等情况做出准确判断。这一点非常重要，如果法官自己都不能掌握有关实体法和程序法的规定，要正确行使释明权是难以想象的。

三、法院主管若干问题研究

（一）主管问题的重要性与严重性

从审判权的角度讲，法院主管首先涉及审判权与其他纠纷处理机制的分工关系，体现国家对于民事审判权的空间范围所持的基本态度。从诉权的角度讲，民事审判权的空间范围就是诉权的空间范围，不能行使民事审判权的纠纷，纠纷主体也就不享有诉权。在民事诉讼中，法院主管问题之所以发生的根本原因，在于民事性质的纠纷并非全都由法院处理，而是在法院主管的同时有多种途径或者手段，除法律有明确规定的以外，可以由纠纷主体从中选择。由此可见，合理确定法院主管范围，完善法院主管制度，有利于充分发挥法院以及有关国家机关、社会团体等在处理民事纠纷方面的职能和作用，保证法院正确行使审判权，保护当事人的合法权益。主管问题是法院正确行使审判权的重要前提，同时也是当事人进行民事诉讼的基本保障。

然而我国现行的法院主管制度却存在诸多问题：从立法上看，首先，《民事诉讼法》对法院主管范围的规定相当原则，显得零乱而不明确，缺乏操作性，以至于常常因主管问题发生争议；其次，现行的某些规定不尽合理，有些甚至不符合法治原则，因此有必要把握社会发展的实际需要对这些规定重新考量，加以修订；再次，对于某些事关审判权、行政权、仲裁权等发生冲突或交叉、重叠的案件应如何处理的重大问题,现行立法规定不明确甚至未作规定,以至于在实践中无法可依;最后,法院主管作为一项诉讼制度,缺乏程序上的监督、制约、保障机制,在当事人的诉权被剥夺时无任何救济途径。完善法院主管制度,必须对此加以健全。

由于立法的不足,导致实践中存在许多问题,有的民事纠纷本应由法院主管,却被拒之门外;而某些应由其他机关或组织处理的案子法院却受理了,并因此造成了一些纠纷同时被两个机关作出了不同处理的情况,损害了法律的统一性、权威性和严肃性。甚至存在政府的某些部门,完全无视我国法律对主管问题的规定,公然剥夺当事人诉权的现象。例如,我国南方某市,为了保证城市开发建设及拆迁工作的顺利进行,政府竟以"红头文件"的形式规定,在拆迁范围内因拆迁而引起的任何纠纷(包括平等主体间的民事纠纷)只能向某政府部门请求解决,而不得向法院提起民事诉讼。该拆迁地的某些公民因为房屋租赁、买卖纠纷向法院起诉,法院竟以"红头文件"的规定为依据拒绝受理。尽管该当事人及其律师一再请求人民法院依照《民事诉讼法》的规定受理此类案件,相信法官也知道《民事诉讼法》是怎样规定的,但该法院至今没有受理此类案件,法律赋予当事人的诉权就这样被剥夺了。至于在司法实践中,当同一个纠纷既涉及到民事法律关系又涉及行政法律关系或与仲裁管辖有冲突时应如何妥善解决、在主管问题上如何对当事人进行救济等,由于立法没有规定或规定不太明确,更是引发许多严重的问题。这些问题的存在不仅损害了当事人的诉权,也损害了诉讼制度乃至司法制度本身。

我国关于法院主管问题的理论研究也是比较薄弱的。对于法院主管原则的研究几乎还停留在新中国成立初期,对于确定主管的标准及其具体内容的研究更是缺乏科学性、系统性,对于法院民事主管这一重要制度从宏观到微观的构建还未提上议事日程。

(二)确定主管的原则

原则对于规范体系的建立具有指导作用,它是法律的基础性真理或原理,是为其他的规则提供基础性或本源性的综合性规则或原理,是法律行为、法律程序、法律决定的决定性规则。[①] 探讨和研究确定主管的原则,目的是明确指导思想,从宏观上建立确定法院主管的科学目标,以指导法院主管的科学合理的规范体系的建立。我国法院主管制度的不完善、不健全,与我们以往对确定主管的原则缺乏深入研究不无关系。

笔者以为,法院主管民事案件应遵循以下三个原则。

1. 法治原则

法治是一个融汇多重意义的综合概念。在确定主管这一问题上,法治的意义体现在:第一,法院应当依据宪法和法律规定的职责范围进行审判活动。法院与其他国家机关、社会团体各自的职责范围和权限,宪法和法律已作出原则规定,明确职责、各司其职,这是法治国家与法制现代化的重要标志,法院及有关机关应严格依法办事,以避免在主管问题上发生争议或者互相推诿。据此,法院主管的民事案件以及需要例外的特殊情况,均应在《民事诉讼法》中作出明确规定,纳入法律(制度及程序)轨道,接受法律的调整。同时,民事案件的主管范围一经法律确定,就必须得到各方面的遵守:属于法院主管范围内的民事案件,法院必须受理,其他机关无权受理,任何机关也不得为法院受理这些案件设置障碍。当事人请求解决民事纠纷,也必须严格依法进行,因为"法治的基本含义在于良好的法律获得普遍的遵守"[②]。第二,民事纠纷发生后,应从制度上提倡并保障冲突主体寻求法律途径解决。法治社会具有多种纠纷解决手段,但司法程序应当是解决争议的主要手段,因为"司法是解决法律争端与讼案的最文明、最公正因而最可信赖的法律机制"[③]。在纠纷发生后,纠纷主体有权选择他认为最合适的方式解决纠纷,如果他选择了诉讼,那么除非有法定理由,不应限制民事纠纷的主体向法院寻求司法解决的权利。第三,"法治不仅是对下的、治民的,也是对上的、治吏的。"[④]通过明确法院与其他机关主管民事纠纷的范围,有利于监督国家机关及国家权力,使其在各自的法定权限范围内行使职权。对于法院而言,明确主管的范围,不仅有助于抗衡和制约其他国家机关、社会团体和个人干预民事审判,同时

---

① See Black's Law Dictionary, West Publishing, 1983, p. 1074.

② 王利明:《司法改革研究》,法律出版社 2000 年版,第 18 页。

③ 王人博等著:《法治论》,山东人民出版社 1991 年版,第 214 页。

④ 张文显:《法学基本范畴研究》,中国政法大学出版社 1993 年版,第 297 页。

也制约了法院本身;对于主管权限范围内的案件不得以任何理由拒之门外,对于不属于自己主管范围内的案件,也不得为了自身利益或地方利益,超出主管范围行使审判权。而这一切,都是需要以法律对民事主管范围有明确的规定为前提的。

2. 私权保障原则

这一原则包括两层含义:首先,国家应当最大限度地向当事人提供司法保护,充分保护民事主体的财产权、人身权,这应当成为确定法院主管的重要原则。在我国以往的司法实践中,人民法院依照《民事诉讼法》第3条的规定,主要受理民法等民事实体法调整的平等主体间的民事法律关系所发生的纠纷,而对于其他涉及财产权、人身权的纠纷通常不予受理。近年来,随着经济关系的市场化、社会生活的契约化和法制化,越来越多的社会关系转化为民事关系。"过去从未想过可以由法院解决的纠纷也可以提交法院裁决了。如学生可以因受到学校不当处分而状告校方索赔,离开原单位的职工与原单位因房屋使用权纠纷对簿公堂"①,这对于法院主管范围的确定是富有启示的。类似于学生因受处分状告校方索赔的案件,原告索赔是一个民事权利请求,如果法院不能主管,那么这部分民事权利将无法通过司法途径获得保护。笔者主张应首先确立私权保障原则,并根据这一原则为民事主体提供最为充分和广泛的司法保护,凡民事主体依法享有的财产权、人身权原则上均应纳入法院的主管范围,除非依照法律规定有其他救济途径。其次,重视并实现对私权的保护,必然要求重视并加强对诉权的保护。如前所述,法院对民事案件的主管范围就是诉权的空间范围,在此范围内,诉权与私权的关系十分密切,诉权是当事人一切诉讼权利的基础和源泉,是保障私权的手段。因此不仅应拓宽民事主管的范围,而且还应保障这一范围内诉权的实现。为此,在主管制度中必须为诉权的有效行使提供保障,在诉讼制度上为其设置救济手段和救济途径。

3. 司法最终解决原则

司法最终解决原则包括两个内容:一是任何非司法组织解决不了的案件,最后都可以由法院通过审判方式解决;二是当一个纠纷涉及几个法

① 江伟主编:《中国民事诉讼法专论》,中国政法大学出版社1998年版,第302—304页。

律关系，其中既有属于法院主管的，又有属于其他机关主管的，则一并由法院主管；法院通过审判方式解决纠纷，是解决纠纷的最后手段，具有最高的权威性，任何单位和个人不得对此提出异议，再寻求其他方式解决纠纷。① 司法最终解决原则是各国立法的通例，我国的民事诉讼理论对此予以承认并且在立法中加以贯彻，对于司法实践，特别是处理民事纠纷的法院主管与其他机关主管的关系具有重要的现实意义。这是由法院的法律地位、职能及特点决定的。在处理民事纠纷方面，法院作为审判机关，是私权最强有力的保护者，司法最终解决意味着，只要当事人愿意，他们都有可能利用国家的强制力、利用公正的诉讼程序来实现自己的合法权益，国家也应当切实将司法程序作为"实现社会正义的最后一道防线"②。

（三）确定法院主管的标准

在诉讼法学理论上，英美法系国家一般不研究主管问题，法律对此也不作规定，对民事诉讼实行司法最终解决原则，凡是由私法调整的社会关系引起的纠纷，一律可由法院解决。日本、德国以及苏联则对民事案件采取分散解决原则，一部分可由法院主管，而另一部分则分别由仲裁部门、有关行政机关或其他组织处理。因此就有一个如何确定法院主管的标准问题。前苏联采取三个标准确定法院主管：法律关系的性质、诉讼主体的特点、诉讼价额和金额的大小。③ 新中国成立后，我国也采取了类似于苏联的标准。但鉴于诉讼主体的特点以及诉讼价额或金额的大小这两项标准存在诸多不合理、不科学之处，我国现行《民事诉讼法》不再采用，而是采用了法律关系的性质这一标准。我国《民事诉讼法》第 3 条规定："人民法院受理公民之间、法人之间、其他组织之间以及他们相互之间因财产关系和人身关系提起的民事诉讼，适用本法的规定。"《民事诉讼法》第 111 条以及最高人民法院有关司法解释基本上也是这一标准的具体体现。

应当说，以法律关系的性质来确定法院主管是比较科学的，但问题是，当法律关系是何种性质的时候，才属法院主管呢？诉讼法学界对此少

① 参见杨荣新主编：《中国民事诉讼法》，中国政法大学出版社 1992 年版，第 60—62 页。
② 贺卫方：《法边馀墨》，法律出版社 1998 年版，第 64 页。
③ 参见常怡主编：《民事诉讼法学》，中国政法大学出版社 1999 年版，第 92 页。

有深入的研究,立法的规定也与这一标准有不相符合之处。例如,在特别程序中,没有财产权、人身权内容的选民资格案件,也适用《民事诉讼法》的规定由法院主管,而某些涉及财产权、人身权的民事纠纷又没有被纳入法院主管范围。因此,有必要对这一标准进行进一步的分析。

法律关系的性质实际上也就是案件的性质,哪些案件应适用《民事诉讼法》的规定,由法院主管,应当有一个明确的标准,这应当是构成法院主管的客观基础。明确这一问题的意义,首先,在于明确法院与其他国家机关、社会团体、组织之间处理民事案件的权限分工;其次,在法院内部也需以此为依据划分与刑事审判、特别是行政审判的界限(域),当某一种法律关系既涉及违反民事法律,又触犯了刑法,或者与行政法律关系相交织的时候,如何确定民事主管的范围,就应当依照法律关系的性质作出判断。

法律关系是法律规范在指引人们的社会行为、调整社会关系的过程中所形成的人们之间的权利义务联系,是社会内容和法的形式的统一。作为确定法院的民事主管范围的法律关系,必须具备这样几个要素:

第一,该法律关系必须是依照民事实体法形成的社会关系,只有这样才能受相应法律的调整。现实生活中,某些涉及人身权、财产权的关系虽然具有民事法律关系的外表,但并未被国家法律纳入调整范围,当然也就不能纳入法院主管的范围。例如,青年男女之间的恋爱关系,可能既涉及人身权又涉及财产权,但这种关系一旦被某一方单方面解除,却难以受婚姻家庭法的调整,充其量只能将其推上"道德法庭"。应当属于民事实体法的调整范围,这是作为确定法院主管依据的法律关系中的一个最基本的要素。明确这一点,将有助于划分法院与其他国家机关的主管范围。

第二,该法律关系应当具有"民事性"。具有民事性的法律关系并非全部由法院主管,但由法院主管的案件必须具有"民事性"。因为从程序法的角度看,属于不同性质的法律关系的争议,应当由不同的程序制度解决,如此一来,纳入法院民事主管范围的案件,应当具有财产权或人身权关系的因素。如果不是财产权、人身权争议或者案件与财产权、人身权无关,则将其纳入民事主管的范围是没有根据的。

第三,法院主管的民事案件,应当是发生在平等主体间的权利义务争议,这一要素与上述第二点有关。具有"民事性"的法律关系,在主体上必须以双方地位平等为前提，如果双方地位不平等，则“民事性”无从体现，因而不能纳入民事主管的范围。例如，以行政机关的侵权行为为前提而提起的赔偿之诉，尽管也是表现为财产权、人身权争议，但行政主体与行政相对人地位并不平等，从而不具备民事性纠纷主体平等的特征，因而不能纳入民事主管的范围。这一要素廓清了民事主管与行政主管之间的界限。

从我国《民事诉讼法》以及最高人民法院相关司法解释的规定看，法院主管范围内的案件包括：平等主体间的财产权、人身权争议案件、选民资格案件、非讼案件、劳动争议案件以及“法律规定的其他案件”。其中平等主体间的财产权、人身权争议案件以法律关系的性质为标准衡量，是典型的民事案件，当属法院主管。而选民资格案件虽属法律调整范围，但显然不具有“民事性”和“主体的平等性”，也就是说，这种关系不属于民事法律关系，起诉人诉请法院保护的是选民的选举资格以及正常的选举秩序。如果不是以法律关系的性质为标准确定主管，而是由法律作出硬性的规定或采用其他标准，将选民资格案件划入法院主管范围也许是合理的，但既然以法律关系的性质来确定法院的民事主管范围，则把选民资格案件交由法院主管显然缺乏科学性、合理性。因此，笔者以为应当将此类具有公法性质的纠纷从法院民事主管范围中划出去。至于应如何处理此类案件的诉讼问题，立法机关应重新考虑。

非讼案件虽以不存在民事权益之争为特征，但这类案件所涉及的均为民事法律关系，即人身权、财产权问题，具体表现为民事法律关系的某些要素（主体、客体、内容）处于不确定状态，通过法院的审理，对不确定的民事法律关系中某些问题以判决的形式作出宣告，从而消除不确定状态，保障民事流转的顺利进行，保障交易安全，甚至直接实现民事权利。将这类案件纳入法院主管范围是合理的、有依据的。

关于劳动争议案件，虽然从法律关系的性质上讲主要涉及劳动法律关系，但也不能否认其同时还具有民事法律关系的因素，如人身权、财产权问题，因此由法院主管也是有一定的依据及其合理性的。不仅如此，劳动争议案件由法院主管，还体现了司法最终解决原则。

由于某些案件以及争议主体所提出的请求，同时涉及两种法律关系，由有关机关先行处理后，如果争议主体不服，允许其向法院起诉，由法院作出最后的处理,这是司法最终解决原则在处理法院与其他机关主管关系时的运用。不仅是劳动争议案件,许多行政案件的处理,行政机关处理后当事人依然不服的,也允许其向法院起诉。我国许多法律都对此作出了规定。司法最终解决原则在以法律关系的性质为标准确定主管的基础上,进一步扩大了法院主管的范围,是确定法院主管应当遵循的重要原则。

(四)关于法院主管几个特殊问题的探讨

1. 法院主管的排除

以法律关系的性质为确定法院主管的标准,并不意味着所有具有“民事性”的案件都由法院主管。由于社会生活的复杂性,同时也由于其他纠纷解决机制与民事诉讼并存,某些具有财产权、人身权内容的争议不宜由法院主管,对此,应当由法律作出明确规定,作为对法院主管的排除,理论界也应当对此积极关注和认真研究。目前,应当注意研究三个问题:

第一,根据最高人民法院《关于贯彻执行〈中华人民共和国民事诉讼法(试行)〉若干问题的意见》第 43 条的规定,历次政治运动遗留下来的属于落实政策的房屋纠纷,农村中划分责任田、规划宅基地引起的纠纷,违章建筑的纠纷和确认离婚登记效力的纠纷,法院均不受理。这类纠纷虽然具有财产权、人身权内容,但法院不能主管,并且也不适用司法最终解决原则。最高人民法院的这一规定在现行《民事诉讼法》颁布以后是否继续有效?尤其是在 1992 年最高人民法院《关于适用〈中华人民共和国民事诉讼法〉若干问题的意见》颁布实施之后,原有的司法解释是否还能适用?司法实践中,对此有不同的看法及作法。有的法院认为随着新的司法解释的实施,原有的解释自然失效,上述案件法院可以主管,但更多的法院则仍不受理这类案件。鉴于法院主管事关法院能否行使审判权以及当事人能否行使诉权,应当由法律作出统一的、明确的规定,以便于法院及当事人在此类问题上有所遵循,避免法院各行其事,导致当事人的诉权不能得到同样保护。

第二,根据法律的规定,双方当事人约定将争议提交仲裁委员会仲裁的,排除法院主管。但在处理仲裁与法院主管的关系时,由于双方当事人对仲裁的约定不明确、无效等因素,往往并不必然地排除法院主管。因此必须注意下列问题:(1) 双方当事人的仲裁协议约定的仲裁事项超出仲裁范围的，不能排除主管。《中华人民共和国仲裁法》（以下简称《仲裁法》）第2条规定："平等主体的公民、法人和其他组织之间发生的合同纠纷和其他财产权益纠纷，可以仲裁"；根据第3条的规定，婚姻、收养、监护、扶养、继承纠纷和依法应由行政机关处理的行政争议，当事人不能申请仲裁。《仲裁法》对仲裁的范围作出了明确规定，超出该范围达成的仲裁协议无效，不能排除法院主管。(2) 双方当事人在仲裁协议中约定不明确、不具体、不能使约定的仲裁机构特定化的，不能排除法院主管。例如，双方约定"在北京仲裁"，"本合同发生争议，可以提交仲裁委员会仲裁，也可以向法院提起诉讼"等，这样的约定不能确定一个特定的仲裁机构，因而仲裁协议无效，不能排除法院主管。(3) 一方当事人向法院起诉时未声明有仲裁协议，法院受理后，对方当事人又应诉答辩的，视为当事人（被告）放弃仲裁，法院有权主管。

第三，法律规定由行政机关最终裁决的案件，排除法院主管。这类案件虽具有财产权、人身权内容，但法律明确排除法院作为民事案件主管。例如，根据《中华人民共和国商标法》（以下简称《商标法》）的规定，商标注册人对他人已经注册的商标提出异议，他人对已注册的商标提出争议，都具有民事争议性质，但《商标法》规定由工商行政管理机关内设立的商标评审委员会处理，该委员会作出的裁决是最终裁决，排除法院的主管。《中华人民共和国专利法》也有类似规定。应当注意，法院不能主管的民事案件，对争议主体来说将意味着诉权不能行使，民事权益将不能获得司法救济。诉权是宪法和法律赋予当事人的权利，因此对法院主管的排除性规定只能由法律作出，也就是说，只有立法机关才有权作出排除性规定，这是法治原则的要求。在司法实践中，由政府以红头文件的形式或最高人民法院以司法解释的形式作出排除主管的规定，都是十分不妥当的。立法机关之外的任何机关、团体、社会组织均无权剥夺宪法和法律赋予当事人的诉权。这个问题应当引起有关机关的高度重视，并从立法上加以解决。

2. 法院与行政机关民事主管权的冲突与协调

除法律明确规定某些民事纠纷只能由法院主管或只能由行政机关最终裁决之外，还有一部分民事性质的纠纷既可以由法院主管，也可以由行政机关主管。由此，法院与行政机关就有可能在主管问题上发生冲突。

从现行立法的规定看,法院主管与行政机关主管的关系有以下几种情况:

第一,法律规定可由当事人选择法院主管还是行政机关主管。例如,根据《中华人民共和国水污染防治法》第55条第2款的规定,赔偿责任和赔偿金额的纠纷,可以根据当事人的请求,由环保部门或交通部门的航政机关处理;当事人对处理决定不服的,可以向法院起诉。当事人也可以直接向人民法院起诉。

第二,法律规定当事人不能直接向法院起诉,而应先经行政机关处理,对该处理不服才能向法院起诉。例如,根据我国《房屋拆迁管理条例》第14条的规定,拆迁人与被拆迁人对补偿形式和补偿金额、安置用房面积和安置地点、搬迁过渡方式和过渡期限,经协商不能达成协议的,由批准拆迁的房屋拆迁主管部门裁决,当事人对该裁决不服的,可以在接到裁决书之日起15日内向法院起诉。

第三,法律规定行政机关可居间对公民、法人或者其他组织之间以及他们相互之间的民事权益争议作出调解、仲裁,当事人有权向法院起诉。例如,根据《中华人民共和国著作权法》第54条的规定,著作权侵权纠纷可以由著作权行政管理部门调解,调解达不成协议或者达成协议后一方反悔的,当事人可向法院起诉。

上述三种情况均涉及法院与行政机关对民事纠纷的主管。从纠纷法律关系的性质来看,划归法院主管没有问题;同时,行政机关对这部分案件拥有主管权也是必要的,因为这部分民事纠纷与行政机关的管理事项密切相关。行政机关对这些纠纷的认定、处理具有“专业对口”优势,以行政程序加以解决,程序上也更简便、快捷、高效。但由于两种国家权力在此难免有冲突,因而应予协调。依照我国现行法律的规定以及确定主管的原则,应采取下列方式处理二者的关系:

对于法院与行政机关都有权主管的民事纠纷,由纠纷主体在法院与行政机关之间进行选择。选择法院起诉的,不得请求行政机关处理;选择行政机关处理的,当事人对处理决定不服可依法向法院起诉。对于纠纷主体必须以行政机关的先行处理为前置程序的纠纷,当事人应依法先向行政机关请求处理,对处理不服的才可向法院起诉。但此种情况下,民事纠纷的性质已发生改变,因为行政机关已针对民事纠纷作出了具有公定力的行政行为,仅以对方当事人为被告无法解决具体行政行为的公定力问题，从而也无法解决民事纠纷。鉴于此种情况下行政法律关系是民事法律关系调整的基础，应以行政附带民事诉讼的方式解决。

对于行政机关居间对民事纠纷进行调解、仲裁，当事人不服向法院起诉的，应属法院主管范围。调解、仲裁与行政机关的裁决不同，它不具有当然的法律效力，当事人在法定期间起诉的，原调解或仲裁无效，法院应将原争议双方为当事人，作为民事案件处理。

3. 主管争议的提出与解决

由于法律对主管问题的规定比较原则、散乱，同时也因为民事案件自身的复杂性，就主管问题发生争议是不可避免的。法律对主管争议以何种方式及程序提出，又应当由哪一个机关依何种程序解决缺乏明确规定，导致对这一问题的处理也比较混乱，影响了法院、行政机关以及有关机构处理民事纠纷职权的有效行使，也影响了对当事人合法权益的保障。为此，笔者从以下两个方面陈述自己的管见。

(1) 法院与其他机关的主管争议及其解决

第一，法院与行政机关都有权主管民事纠纷时，如果法律允许当事人选择，那么由谁主管由当事人决定，当事人选择行政机关主管后，对行政机关作出的处理不服，还可以向法院提起民事诉讼；如法律规定由行政机关最终裁决或者复议前置，那么法院或者无权主管或者作为民事案件主管；如果争议主体双方，一方向法院提起诉讼，另一方提请行政机关处理，按照司法最终解决原则，由法院主管。依照上述原则仍无法避免争议发生的，首先应由法院与行政机关协商解决，协商不成的，可报请各自的上级机关再协商，仍无法解决的，应报请当地权力机关决定。在未作出最终决定前，法院与行政机关均不能对案件进行审理。目前在司法实践中，个别地方出现的法院与行政机关对同一民事纠纷争相处理的情况应当避免。否则，出现同样具有法律效力的两份法律文书，而其内容又完全不同，不仅无法执行，而且也是不严肃的。

第二，法院与仲裁机关对民事纠纷的主管，一般是在一方当事人向法院起诉，而另一方向仲裁机关请求仲裁，或者双方当事人对仲裁协议有歧义时发生。由于法院的主管范围要大于仲裁的范围，同时也由于仲裁必须以双方当事人自愿为前提，因此发生争执时应着重审查双方当事人仲裁协议的内容。经审查，仲裁机关认为双方协议仲裁的意思表示真实，仲裁事项在《仲裁法》规定的范围以内，并且有明确约定的仲裁机构，则仲裁机关应当受理；否则应告知当事人寻求其他解决途径。当事人一方到法院起诉，起诉时未告之与冲突对方有仲裁协议的，法院受理并通知对方应诉后，对方应及时向法院提出因有仲裁协议、法院无权主管的说明或意见；如果该当事人未向法院说明有仲裁协议并应诉，或者仲裁协议无效的，法院有权主管。

第三，人民调解委员会对民事纠纷的处理不是民事诉讼的必经程序，其调解协议也不具有强制力，理应不会与法院主管发生冲突，但少数基层法院要求当事人诉前必须经过人民调解委员会的调解，否则不予受理。这一作法不仅违反了法院主管的规定，而且还剥夺了当事人的诉权，应予以纠正。

(2) 法院与当事人的主管争议及其解决

在某一民事纠纷是否应当由法院主管的问题上，法院与当事人有时也会发生争议，但法院对此具有决定权。不管法院对主管的确定是否正确，从程序上讲没有任何监督制约机制，当事人也无从通过法律程序表达自己的意见。在主管问题上，《民事诉讼法》对当事人的诉权缺乏必要的救济途径和保障措施，这是我国民事主管制度中存在的一个比较突出的问题。

当事人与法院发生主管争议通常有三种情况：第一，当事人向法院起诉，法院认为不应由法院主管，依照审查起诉程序，以不符合《民事诉讼法》第108条规定的起诉条件为由裁定不予受理；第二，当事人向法院起诉，法院只告知该案不属法院主管，而不作书面裁定；第三，当事人认为法院已经受理的案件不属于法院主管，但法院认为自己有权主管并且对此进行审理。在这三种情况中，只有第一种情况《民事诉讼法》规定当事人可以上诉。也就是说，当事人可以通过《民事诉讼法》赋予的上诉权提出不同意见，并且引发一个监督机制。而第二种情况、第三种情况中的当事人即使明知法院主管的确定是错误的，也没有合法的救济途径，不能通过诉讼制度或其他法律制度寻求解决。从保障当事人诉权的角度看，这是一个空白，违背了“有权利必有救济”这一基本法理，也为少数法院出于某种动机违法主管案件或拒绝受理某些应当受理的案件提供了条件，这个问题应当引起有关部门的高度重视。

笔者认为，法院对于当事人提请司法保护的案件，都应依照《民事诉讼法》规定的起诉条件及审查程序认真审查，确实不属于法院主管的案件，应依《民事诉讼法》第111条及有关司法解释的规定，告知当事人向有关部门申请解决，如果当事人坚持向法院起诉，应作出书面裁定，不予受理，当事人不服，可向上一级法院提出上诉。对于第三种情况，当事人认为法院受理了不该受理的案件，固然也可以在一审判决作出后提出上诉，但这显然不符合效益这一价值目标，法院主管的问题主要是程序问题，不应在一审的实体判决作出后再来解决。笔者主张，在法院主管制度中，应建立一个类似于管辖权异议的制度，专门用于第三种情况的解决。

四、审前准备程序的功能、目标及其实现——兼论法院审判管理模式的更新

审前准备程序的功能与目标取决于庭审的功能与目标，并从根本上取决于一国的民事诉讼模式。现代民事诉讼程序结构的重要特征之一，即以围绕讼争焦点、对争议的事实及证据展开质证、辩论，法官在此基础上形成心证的开庭审理为中心，而庭审中心主义又必须以与之相适应的审前准备程序为基础。这已是世界各国一个多世纪以来的民事诉讼实践多次证明了的共同规律。[①] 因此，确定审前准备程序的功能与目标，尤其是探寻其实现的路径，其意义绝不仅限于审前准备程序本身。

随着我国庭审方式乃至整个民事审判方式改革的不断深入，随着庭审中心地位的确立，审前准备程序的功能与目标也逐渐清晰起来。一般认为，审前准备程序的功能至少应包括三个方面：第一，双方当事人在开庭前形成、明确并固定争执的焦点，排除已无争议的事实，以保障庭审围绕争点进行；第二，交换并冻结证据，以保证双方当事人开庭审理时的攻击、防御能够建立在掌握充分证据的基础上，并保证法庭能够最大限度地

① 从各国立法与司法的情况看，建立并不断完善审前准备程序是各国民事诉讼制度不约而同的选择。英美法系由于采用陪审团审理案件的传统，历来重视为一次性开庭而作充分准备的审前程序；而大陆法系的德国自1977年确立集中审理原则之后，随之而来的就是改变“一步到庭”和证据随时提出主义的作法，充实审前准备程序，以此保障庭审的效果。我国民事审判方式改革的实践同样经历了这样一个认识过程。

发现真实；第三，约束当事人的言词辩论行为，即当事人在审前准备程序中主张的事实及提供的证据原则上已被固定，如无特殊情况，不得在开庭言辞辩论时再提出主张及证据，以保证庭审的公正和效率。① 而构建审前准备程序的目标，概括地说就是要保证开庭审理的顺利进行，没有实质性的开庭审理，也就没有庭前准备程序存在的必要。

尽管对上述功能与目标的认识在民事诉讼法学界及实务界已取得了相当的共识，但不能否认的是，制约这些功能与目标实现的因素却让人无法乐观。也就是说，实现其功能与目标要困难得多。由于审前准备程序与庭审的密切关系，制约了审前准备程序功能的发挥，也就制约了庭审功能的发挥。当前，对审前准备程序问题的研究与探索，如果还停留在应如何规定审前准备程序的内容等技术层面上，意义已经不大，因为制定审前准备程序的规定并不困难，甚至一些外国民事诉讼法关于审前准备程序的好的做法我们可以直接借鉴，问题是，借鉴之后能否发挥其应有的功能呢？如果不能，其原因又是什么呢？笔者认为，围绕审前准备程序功能与目标的实现，积极探索和研究我国审前准备程序功能与目标实现过程中的制约因素并着手解决，不仅有助于在立法上构筑审前准备程序，而且有助于推动学术界对审前准备程序问题研究的深化。

制约审前准备程序功能与目标实现的因素有诸多方面，毫无疑问，其首先是受制于我国的民事诉讼模式，经过十几年的司法改革，诉讼模式已经有了相当的量变，但称质变尚不符合我国实际，故改革还有待于继续深化；其次，作为审前准备程序重要内容的证据开示与交换、作为“制度性条件”的法官与律师之比以及角色与作用的分配等，也都是重要的制约因素。② 除此之外，笔者以为现行法院的审判管理模式对其功能及目标的实现的制约关系也是不容忽视的。在我国，一个无论设计得如何科学和合理的审前准备程序，如果没有法院管理模式的更新与配合，也是很难转化为现实的，也就是说，审前准备程序功能的有效发挥，不仅需要从程序、制度上进行充分的论证和精心的设计，而且需要对现有的法院审判管理

① 参见王亚新：《民事诉讼准备程序研究》，载《中外法学》2000 年第 2 期；占善刚：《完善民事诉讼准备程序之构想》，载《现代法学》2000 年第 1 期；张晋红：《审前准备程序及其权利配置》，载江伟、杨荣新主编：《民事诉讼机制的变革》，人民法院出版社 1998 年版，第 418 页。

② 参见王亚新：《民事诉讼准备程序研究》，载《中外法学》2000 年第 2 期。

模式进行反思和改革,因为现有的法院审判管理模式已成了一种现实的消极的阻滞力量,它必将影响审前程序中各项具体措施实施的预期效果。从这个角度考虑,笔者认为对法院审判管理模式的更新,是审前准备程序构建及功能实现的重要保证。

以审前准备程序功能与目标的实现为视角,反思我国现行的法院审判管理模式,笔者认为主要存在三个方面的问题:一是审判权与管理权交织在一起,以行政干预审判;二是审判事务与审判管理事务职能交叉、管理混乱;三是审判人员与助审人员分工不清、效率低下。因此,笔者将尝试对这些问题进行剖析,并在此基础上提出更新现行审判管理模式的几点具体意见,以服务于审前准备程序的构建和功能的有效发挥。

法院的工作依其职能可分为审判、执行、管理三大部分。审判工作和执行工作原则上由审判庭和执行庭进行,而管理工作则比较复杂。法院的管理分为对人员的管理、对财物的管理和对审判业务的管理。对人员和财物的管理通常由政府部门和法院的机关事务部门实施,而对审判业务的管理则通常由院长、庭长以及有关的业务庭实施。这是对法院工作职能划分一般状况的描述,但实践中上述职能的划分并不是那么清晰的,严格意义上的审判工作常常不是依据诉讼法进行,而是用行政管理的方式进行,相反,有些本属于管理工作的事务却不得不由主审法官去完成。

这种行政管理权与审判权混淆不分的状况,从根本上讲是我国法院体制的行政化导致的。[①] 对外来说,我国的法院与行政机关一样具有相应的行政级别;对内来说,法院在编的工作人员,不论是从事后勤工作,还是从事人事或审判工作,每一个人都被纳入到统一的行政管理等级体系中,都被套上副科级、科级、处级等级别,《法官法》规定的法官级别[②]远不如行政级别贯彻的好。因此,法院对外常常难以真正独立,审判事务受到行政干预的事经常发生。在法院系统内部,上下级法院以及法院上下级关系也常常表现为一种命令与服从的关系,这使得一些审判事务得以很

---

① 参见张卫平:《论我国法院体制的非行政化——法院体制改革的一种基本思路》,载《法商研究》2000 年第 3 期。

② 同上。

顺利的用行政手段解决。

我国审前准备程序的合理构建以及功能的有效发挥，显然不可避免地会受到法院体制行政化倾向的阻碍。首先，当事人的诉讼主体地位会因此受损，审前程序会被架空。在审前准备程序中，双方当事人是程序的主角，依法享有平等的诉讼权利，通过行使这些诉讼权利整理争执焦点，交换证据、沟通信息，为庭审作好充分的准备。但如果法院的各级领导如院长、庭长甚至政治部的领导，因为拥行政权力可以有效地干预案件的审理，那么审前准备程序就会像从前庭审程序一样被架空、被虚化，当事人的主体地位也就无从体现了。其次，法院体制的行政化会将行政权凌驾于审判权之上。法院体制的内部行政化容易导致审判的神秘性和暗箱操作。当事人在审判的前台看到是审判人员在案理案件，对案件进行认真的分析、认定，但在审判后面却有人们所见不到的、由他人实际控制和操纵的过程和结果。当事人在感觉受到愚弄之后，很难在心理上接受这样的过程和结果。这样一来，审判程序使结果正当化的积极意义就丧失殆尽。①

审前准备程序的制度构建无疑是重要的，但法院行政管理权与审判权的分离也是不容忽视的，后者是前者能够良好运行的前提和基础。为此，应着手解决三个方面的问题。第一，改革法院外部的和内部的行政化，使法院真正成为能够依照司法运作自身规律的现代化司法体制，使法院以及法院内部的审判机构脱离行政化管理的模式，实现审判权的独立。这是一项长期的、艰巨的任务，甚至会触及整个社会的行政化结构的转变问题。但这一改革方向是应当坚持的。第二，在法院内部，将管理权与审判权分离，审判权由处理具体案件的法官行使，而管理权则依被管理的对象分别交由不同的机构或人员行使。法院内部的管理权与审判权的分离，不仅有利于审判权的独立，而且有利于提高管理的水平和质量，因为管理权与审判权特点不同，运作方式也就当然不同。即使作为院长或庭长可能同时拥有管理权与审判权，他也应当按照其不同的特点和方式分别来行使这两种权力，切不可因为自己拥有人事权、财权等行政权力，就

① 参见张卫平：《论我国法院体制的非行政化——法院体制改革的一种基本思路》，载《法商研究》2000 年第 3 期。

对承办案件的法官作如何判案的指示。院、庭长批案制度就是这种将管理权与审判权混淆的典型。第三，管理权与审判权分离之后，对法院的管理权应当优化，这对于构建审前准备程序有重要意义。实践中，法官与辅助人员不分，判案人员与管理人员分工不清、职责混乱的状况，会制约审前准备程序功能的有效发挥。从这个角度讲，对法院管理权的优化，重点应当是对审判业务的管理这部分。对人员的管理和对财物的管理，虽然也需要优化，但与此处探讨的问题关系不大，以下不再涉及。

在管理权与审判权分离的基础上，还应对审判业务管理工作与审判工作进行分离。此处的审判工作是特指法院对案件的审理和裁判工作，是狭义的。而审判业务的管理工作则是指与审判案件有关的准备工作及其他辅助工作。根据审前准备程序与庭审程序的功能划分，审判业务的管理工作主要是发生在审前准备程序中，而审判工作则应是在庭审程序中完成。然而在审判实务中，审判工作与辅助工作、业务工作与管理工作职能交叉，管理混乱，尤其在级别较低的法院，审判庭既要开庭审案、合议、裁判，又要作必要的调查取证、财产保全，甚至填发开庭传票、送达法律文书等工作。相反，不少的法院为审判庭配置的书记员却顶替法官从事审判工作，这种现象甚至在某些高级法院审理上诉案件时也时有发生，这显然是不利于审前程序的构建与功能发挥的。

针对以上情况，有必要对审判业务的管理工作和审判工作作细致、科学的划分，以保证这两类工作都能够按照各自的规律和特点进行，其基本思路是审判工作严格由审判庭进行，而将审判业务的管理工作交由专门的机构进行。如前所述，审判工作是特指通过开庭方式对案件进行实体审理，并作出裁判的一系列工作；而审判业务的管理工作则主要是指与案件的实体审理有关的准备工作及其辅助性工作，具体包括以下两类：

第一，审判事务性工作。包括立案把关、诉讼资料收转、案件审理流程管理中的一部分（排定审案法官和书记员，安排开庭时间和审判庭）。这是传统的审判辅助业务，已形成了一套相对稳定的操作习惯，但这也正是法院审判管理中职能交叉、责任不明诸多弊端的集中表现之处。其中最应当注意并加以改进的问题是分散性、随意性、无序性等状况，因此，改进必须朝着专门化、规模化、规范化、公开化的方向进行。专门化是实现管理模式高效高质的前提，只有管理专门化，才能突显审判管理工作的地位和作用,实现审判权与管理权分离,从而达到加强审判管理工作的效果。规模化是提高审判管理层次的基础,规模化管理便于发现问题,总结经验,从整体和系统的角度出发设计管理模式,也便于管理人员专业化,熟练操作程序,提高管理技能。规范化强调统一管理的法定程序、统一工作标准,是提高管理质量和效率的保证。公开化既是以司法公正为前提的审判管理活动的必然要求,也是审前准备程序功能得以充分发挥的重要条件。

分案和排期开庭尤其应纳入程序化管理。在以往的司法实践中,案件到法院后如何分配到法官手中,如何决定开庭时间,多半由业务庭的庭长决定,虽然庭长对本庭的法官能力、水平熟悉,但这一做法最大的弊端在于,缺乏程序制约,随意性较大,所以"案件刚上门,两头都托人"的现象十分普遍。目前,在我国法院系统的审判流程管理改革中,一些法院借鉴了美国实行的"随机分案"这种客观分案替代主观分案的做法,用计算机分案,尽量切断法官与当事人在审前的私下接触,这对防止法官办"人情案"、"关系案"具有积极意义,值得推广。

诉讼资料的管理、转交,案卷的保管、归档,也应当有严格的管理程序。审判管理活动对于审判活动所产生的督促、制约功能是不应忽视的。通过统一诉讼资料收转,在法官与当事人之间设置一道防止私下接触的屏障;通过统一机械的流水分案,防止人工随意分案中的预先串通指定承办人;通过采取对诉讼期间划分阶段,并进行审限跟踪,督促承办人在审限内结案。这些审判事务性工作是审前准备程序的重要内容。

审前准备工作包括财产保全、必要的证据调查、证据核对和对诉讼请求、争执焦点的确定。其中最主要部分是对诉讼请求和证据进行核对。诉讼请求和证据核对是指在一审案件开庭前对当事人提出的诉讼请求和提交的证据,在助审人员的主持下,由双方当事人对诉讼请求和全部证据逐一进行核对。诉讼请求和证据核对一般适用于案件复杂、法律关系不清晰、当事人诉请或答辩内容混乱、争议焦点不明确、当事人诉讼请求不合理、不准确,提交的证据不规范、不全面等案件。通过要求当事人不断提供有关证据反复修正诉讼请求直至全部提交和最后认可的方式达到固定的目的。进行诉讼请求和证据核对的改革工作可以先从改革起诉状和答辩状开始,要求起诉状的每一项诉讼请求之后都应列出明确的请求依据、理由和证据三个部分；答辩状则必须直接针对起诉状进行答辩，首先对起诉状之中的请求及其依据、理由和证据不持异议的部分予以明确表示，对所持异议部分进行的抗辩也要列出明确的依据、理由和证据。助审人员在起诉状和答辩状的基础上，根据案情需要决定并主持当事人以诉讼请求和证据核对，经过核对，制作诉请证据核对表，分别列出双方无争议和有争议的部分，对有争议的部分简要载明争议的依据、理由和证据。核对结果由双方当事人签字认可后，送判案法官参考。以此方法减轻判案法官因从事寻找焦点、核对资料等简单劳动而耗费的精力，提高审案效率和质量。

值得一提的是，近年来一些法院根据《人民法院五年改革纲要》第8条的规定和要求，建立和实施了案件审判流程管理制度，对各类案件在审判流程中的不同环节，包括立案、送达、开庭、结案等阶段进行跟踪管理，以求实现“大立案、精审判、强执行、重监督”的工作目标。为此，一些法院采取了将立案和审判流程管理组成审前准备程序的作法。应当说，这种创新的工作思路是值得肯定的，但其中也存在一些值得注意的问题：第一，审判流程管理的各项工作中有相当一部分并不属于审判业务方面的管理工作，例如审判流程微机管理、电脑监控审限跟踪以及对改判或发还案件的监督，审前准备程序就无法容纳也不应当容纳这些工作。第二，将管理与监督交立案庭统一行使，虽然改变了由庭长、分管院长和院长来管理的行政管理模式，也避免了由庭审法官过早过多的陷入审前各项具体准备工作的弊端，但结果是不仅当事人依然难以成为审前准备程序的主角，而且庭审法官由于从审前程序中隐退而全无有关争执点及证据的信息，导致庭审的举证、质证更加杂乱无章，而不得不多次的重复开庭，审前程序的功能和价值无从体现。第三，从机构设置与工作安排看，“大立案”的工作思路是可以的，但再“大”也应限定在“立案”以及紧密相关的工作方面，将审判流程管理和审判监督也一并由立案庭实施不合理。一方面，立案庭集审前准备工作、管理工作、监督工作于一身，难以保证立案庭完成审前准备工作，另一方面，与《人民法院五年发展纲要》的精神也是不相符的，最高法院是要求建立专门机构来履行审判流程管理和审限跟踪监督工作，而不是让立案庭一方面自己实施审判流程管理的部分工作，另一方面又去监督其他部门的工作，既当运动员，又当裁判员。上述问题的客观存在,从实践的层面上进一步说明了本书主张将审判工作与审判业务的管理工作加以区分的必要性,为了确保审前准备程序和庭审各自功能的充分、有效的发挥,这两类工作应当分属于庭审程序和审前准备程序的范围,分别由审判庭和立案庭实施是可行的,至于审判流程管理和监督工作,由审判委员会下设"专门机构"完成较为合理,这既能保证管理与监督机构各自的独立性,同时又符合审判委员会的管理、监督的工作职能要求,事实上也不会带来机构设置方面的压力,因为审判流程管理和审限跟踪实际上只是利用计算机网络系统和开发出的审判管理软件进行科学化管理,根据这个管理系统,每一个程序环节被输入一定的微机登陆窗口,微机即可对所需了解的内容自动显示并发出预警信号。这样,整个案件从立案到归档的各个程序环节都可从微机上显示出来。审判委员会只需安排一个懂微机操作的人员,就可对整个审判过程进行监督和管理。①

庭审法官与助审人员的分离,是审判业务管理工作与审判工作分离的必然要求和组织保障,同时,我国《法官法》也要求按照专业标准和职业分工,划分出法官、书记官、执行官、法警和行政管理人员几种不同的角色,各司其职。虽说实践远未达到《法官法》这一要求,但可以肯定的是,假如这种职业化和专业化的序列不能建立,审前准备程序乃至庭审程序就难以良好的运作。

在审前准备程序中,主要工作是审判业务管理及其他辅助工作,将这些工作由助审人员完成,具有重要的现实意义。第一,符合《法官法》的规定和法官制度改革的发展方向;第二,随着审前程序与审判程序的分离,大量的审判事务性工作从审判庭分离出来,这就急需一批助审人员来承担这些工作,从而保证庭审法官从繁重的事务性工作中解脱出来,"精审判"的目标才能实现;第三,将审前准备工作交由助审人员完成,可以防止法官过早接触案件事实,在庭审法官和当事人之间建立一道屏障,以防止不正当接触,保障司法公正。

从国外审前准备程序的运作来看,监督、指导审前准备程序的大都不

① 参见韩庆解、廖朝平:《民事审判方式改革中之审前程序结构模式研究》,载《法学评论》2001年第6期。

是审理该案的法官。主要意图是防止“先入为主”、“先定后审”，导致诉讼不公正以及缺乏效益现象的发生。例如，美国的审前准备程序极力避免主审法官介入，“在美国的当事人主义诉讼制度下，要求法官和陪审团必须保持中立，这种中立性很重要的一个方面就是他们只以法庭上所获得的信息来形成他们对案件的判断。为了保证法官在开庭之前原则上不接触案件，诉答阶段和证据开示阶段，一般是由助理法官主持”[①]。法国还专门设立了审前准备程序法官，与主审法官进行分工。

主审法官不介入审前准备程序是法官中立的体现，而法官中立原则是一项公平公正的程序应当包含的内容。程序公正首先要求法官处于中立地位。法官的中立是相对于当事人和案件而言的，它表明在诉讼结构中，法官与双方当事人应保持同等的司法距离，对案件保持超然和客观的态度。不中立便是偏私，便是法官与当事人的角色混淆，其结果的不公正乃是必然的。法官中立原则具体要求法官同争议的事实和利益没有关联性，法官不得对任何一方当事人存在歧视或偏爱。[②] 显然，主审法官不介入审前准备程序，可以保证其中立性的真正实现。然而，我国目前的审前准备活动仍然还是由主审法官主持，因而该角色应当重新定位并进行适当调整。

从审前准备程序的价值取向上看，公正与效益这两大价值决定了审前准备程序中，主审法官不应介入。首先，“一步到庭”的诉讼结构虽然在司法实践中产生了诸多弊端，例如可能导致诉讼的无效率，但是它的出发点是好的，提出“一步到庭”的最初目的是为了防止法官事先与当事人的接触以保持司法公正。从公正的角度出发，审前准备程序特点是庭前证据交换阶段，法官不宜介入。否则将使庭审流于形式，重新回到以前“先定后审”的老路上去。其次，审前准备程序是在当前案件越来越多，法官审理压力越来越大的情况下，为了提高庭审效益，缓解法官工作压力，节省个案审理时间而确立的。如果审前准备程序特别是审前会议法官仍必须参加的话，那么无异于每个案件都开两次以上庭，第一次开庭先交换事实和证据，并确认无异议的部分，对有争议的留待第二次或第三次

---

① 李汉昌：《美国民事审前程序中值得借鉴的几个问题》，载《法学评论》1998 年第 6 期。
② 参见齐树洁主编：《民事司法改革研究》，厦门大学出版社 2000 年版，第 122 页。

开庭。从诉讼效率的角度出发，特别是从减轻法官工作压力角度出发，法官也不宜参与庭前证据交换，否则将是“换汤不换药”，实际上与“一步到庭”没有区别。再次，审前准备程序是准备行为，不是审判行为，是程序性的操作，而不是实体性的证据质证、认证。如果让法官主持该程序，极易造成审前证据交换与庭审证据举证、质证、认证的混淆，从而模糊了审前准备程序与庭审间的界限，使审前准备程序丧失其存在的意义。

庭审法官与助审人员的分离，不仅对审前准备程序和庭审程序的良好运作具有积极意义，而且还将推动我国法院队伍比例的合理调整以及法官的精英化。近十几年来，我国各级法院受理民事案件数量大幅并且持续增长，造成积案也居高不下。一些法院抱怨说，案件大幅增加，人员却没有大幅增加，并认为这是造成积案的主要原因。事实上，人数的多少并不是最重要的原因，不注重法官与辅助人员的合理配置才是最值得关注的，我国法院的法官与辅助人员的比例是严重的倒三角。1998 年，我国法院约有 17 万名法官，同期法院队伍总人数 28 万人，法官约占法院雇员总数的 61%。作为比较，1984 年，美国联邦法院系统法官数与雇员总数比为 5.9%。1986 年，我国台湾地区地方法院法官与雇员总数比为 15.6%。从法官队伍的整体数以及与人口总比数看，我国内地的法官与人口比，参考台湾的标准测算，只需要约 6.8 万名法官就够了。[①] 虽然这些数据并非十分精确，但通过一些粗略的比较大体上还是能够说明问题的。不论是从法官与人口比的角度，还是从法官的工作量角度衡量，均可得出两个结论：一是我国法官队伍已经十分庞大；二是法官所占比例太大，辅助人员比例太小，人员配置不尽合理。可见，将庭审法官与助审人员实行分离，不仅是审前准备程序与庭审程序的功能以及有效发挥所必需的，也是与法官制度改革的方向相符合的。一个民事案件从立案到最后作出裁判，大量的工作是辅助性的，由于法官的比例太大，辅助人员过少，法官承担了大量的辅助性工作，如果将主审法官从琐碎繁杂的管理事务和辅助工作中解脱出来，就会使法官人数的需求量大为减少。在现有的法官队伍中，按照一定的标准和选拔程序，可将素质优秀的人员保留下来，充任主审法官，而将其他人员视具体情况安排其从事审判业务管理工

① 参见何兵：《纠纷解决机制之重构》，载《中外法学》2002 年第 1 期。

作和其他辅助性工作，使这些工作有专门人员实施。应当注意的是，审前准备的各项工作也有其自己的特点和专业化的要求，法院应当改善以往审判管理方式行政化的习惯作法，对于审前准备的各项工作和纯行政化工作分别按照不同的思路和要求进行。至于助审人员的性质，应与现行《人民法院组织法》和《法官法》规定的助理审判员不同，也不应当是审判员系列的人员，而应是法官的助手。在这一点上，笔者认为美国的法官助理制度是值得我们借鉴的。①

案件进入审判庭之后，就由素质较好的法官来负责。由于审判庭职能的相对单一化，这里实际就成了以主审法官为主体的"审判决策中心"，按照刑事、民事、经济、行政等各项审判分类，将各个审判庭的职责限定在开庭审理案件、作出裁判、进行法律适用研究等范围之内。由于审判庭职责的相对单一化，其人员也由原来的法官、书记员、法警等精简为单纯的法官成份。目前，许多法院在这方面进行大胆探索实践，并取得实效。如山东青岛中级法院实施的"主审法官责任制"、吉林通化中级法院实行的"专职审判长制"，他们通过平等竞争、综合考核，把素质较高的法官相对集中起来，让其独立对案件负责并承担责任，赋予权力，加大压力，"隆其地位，优其待遇"。这种由主审法官独立行使审判权、实行审判合一的审判制度，走专家型的法官"精英化"之路，备受社会各界的关注，值得借鉴。②

法院的管理模式，尤其是审判管理模式的更新，是一个事关法院制度改革的大问题，既复杂又具体。这里仅从审前准备程序的构建这一比较微观的角度，探讨了与审前准备程序的关系，因而可能是不全面、也是不深入的。正因为如此，笔者希望本书之管见能够引起人们对这个问题的关注，因为不仅是审前准备程序的构建，其他许多诉讼程序的构建也都会同样受到法院审判管理模式的制约，民事诉讼中几乎不存在任何能脱离其制约的纯技术性问题。

---

① 参见全德英：《中美法院制度的宏观比较》，载《法律科学》1999 年第 3 期。

② 参见贺卫方：《关于主审法官制》，载《南方周末》1999 年 3 月 26 日。

五、证据制度中的程序保障问题

我国1991年颁布的《民事诉讼法》以及其后的几个最高人民法院的司法解释，对于民事审判方式改革中有关证据制度的改革成果，进行了肯定并不断地加以完善，十分清晰地反映了强化当事人举证责任、弱化法院调查取证职权的思路，顺应了市场经济条件下民事诉讼制度发展的方向。然而司法实践表明，这种改革不仅是远远不够的，而且在实施过程中也被大大打了折扣。主要表现在：第一，立法过于粗陋，缺乏系统性、规范性和可操作性。由此直接导致了当事人的举证范围与法院收集调查证据范围界域不明，最高人民法院先后在1992年、1998年通过的有关司法解释虽然对《民事诉讼法》第64条第2款划出了明确的范围，但每一次都保留了"人民法院认为审理案件需要的证据"这一极富弹性的规定，因而法院至今仍可以此为据依职权收集和调查证据。在这个问题上法院拥有如此宽泛的自由裁量权，就难以从制度角度重新整合诉权与审判权的关系，难以保障当事人的诉讼主体地位。第二，立法仅规定了举证责任分担的原则以及举证与法院调查取证的范围等一般性规范，但缺乏切实可行的程序保障。突出表现在，法律明确规定"谁主张、谁举证"，但当事人为了取证而需要收集证据时，他是否有权收集？他能够以什么方式、依照何种程序去收集？当对方当事人或第三人占有证据而又拒不交出时，他能够采取什么样的措施去获取该证据？当事人收集证据以证明自己的主张，似乎"并不是当事人的权利，而变成当事人对法官的义务"①。实践中，确有不少当事人因没有依法取证的途径和手段，明知有某一证据却收集不上来，从而导致败诉。民事诉讼制度改革所追求的公正与效益的价值目标，就是如此公然地被损害了。第三，现有法律规定在付诸实施的过程中变形、走样，在许多地方与改革前没有两样，甚至更糟。有的法院对于法律以及最高人民法院司法解释规定应当由法院收集调查的证据，却以强调当事人的举证责任为理由，堂而皇之地拒绝收集。这既是一个司法问题，也可以说是立法不完善所致。由此，造成了在某些情况下当事人不举证会败

---

① 白绿铉：《美国民事诉讼法》，经济日报出版社1998年版，第25页。

诉，而某些情况下当事人不举证法院将会依职权收集调查证据，提出主张的当事人不会因此败诉的局面，诉讼的结果因而变得很不确定，因人而异、因案而异的情况时有所见，损害了法律制度的公正性、严肃性和确定性。

民事诉讼制度的改革和发展，其核心是要重新整合诉权与审判权的关系，保障当事人的诉讼主体地位，由当事人确定审理对象，使其能够利用诉讼程序充分提出自己的主张及证据，而法官则致力于保障当事人的诉讼权利，并依据证据和法律居中作出裁判，从而建立公正并且富有效益的民事诉讼制度。

显然，上述状况与改革的目标是不相符合的，必须从根本上加以解决和克服。但在立法粗陋、缺乏程序保障和法官不严格执法这三者之间，笔者以为加强程序保障是至关重要的。有关立法粗陋及其完善的方案，已有不少学者进行过深入分析并提出了建设性意见，这对于建立和完善诸如举证责任、证明规则、证明标准、质证以及证据的审查判断程序等无疑是十分必要的。而法官不严格执法则需要从根本上通过完善立法，加强程序保障来解决。指望法官均为“圣贤”以保障当事人权利的实现，本身就是缺乏程序保障的表现，因为法官是个性化的，而法律制度和法律程序则具有普遍性，因此“由具体的法官保障，不如由法律程序来保障”①。当然，强调程序保障并非意味着可以或者应当孤立地进行变革工作，程序保障首先应当从立法上加以解决，并且需要在此基础上通过法官的具体工作实践来落实，笔者想要强调的是，加强程序保障不是仅仅限于完善各项具体规则，应当成为完善我国证据制度的关键。

加强程序保障，从指导思想上说要从根本上调整诉权与审判权的关系，在处理二者关系时，当事人的诉权是基础和前提，法院的审判权是为当事人行使诉权的需要而配置、启动和运作的，审判权的行使应当以保障当事人诉权的充分行使为宗旨，这是市场经济对诉讼制度的必然要求。在诉讼中，这种权利是需要通过制度和审判权的行使来保证的，而这一点在证据制度中恰好是最为欠缺的。必须改变国家本位观念以及法院（法官）行政化、院（庭）长首长化的传统意识，审判权具体化为诉讼权利与诉

① 张晋红：《民事诉讼当事人研究》，陕西人民出版社 1998 年版，第 83 页。

讼义务,其性质本身就决定了法院的职权与职责必须挂起勾来。

基于这样的指导思想,笔者认为应当从法律上、制度上重点解决下列问题:第一,应当明确规定当事人应对自己的主张承担完全意义上的举证责任,法院只有在当事人确因客观原因不能收集证据时,依当事人的申请而不是依职权收集调查证据。当事人举证不能则败诉,无疑是最契合举证责任机制的内在原理的,但鉴于有些证据(如银行存款、人事房屋档案等)确因客观原因当事人无法收集,出于对当事人权利及举证责任制度的切实保障,法律应明确规定哪些证据属于"因客观原因当事人无法收集的证据"而由法院收集。法院与当事人在获取证据问题上的相互关系并非分工关系或"相结合"的关系,而是保障与被保障的关系。

第二,与建立完全意义上的举证责任相适应,必须赋予当事人及其诉讼代理人享有收集证据的权利、手段和合法的途径,否则我们完全有理由对当事人收集证据的可能性、现实性和有效性产生怀疑。这一问题可能成为导致当事人获得司法救济的一大障碍,必须引起高度重视并予以解决。现代民事诉讼是双方当事人的公平论战,"要想进行公平的论战,必须使双方当事人都持有充分的证据"①,通过诉讼程序获得必要的证据,是当事人获得司法救济的必要手段。为此,世界各国的民事诉讼法几乎都采取不同方式赋予当事人相应的收集调查证据以及了解有关案件信息的权利与手段,并且在程序上、制度上予以保障。例如,美国的证据开示制度为双方当事人收集证据提供了多种选择手段,当事人有权依法要求对方以及其他人提交他们掌握的证据。修改后的日本民事诉讼法也加强了当事人收集证据的程序保障。总之,力求保障双方当事人在获得足够证据的条件下进入法庭审理阶段,无疑是符合民主、公正同时又符合诉讼效益原则的。笔者以为,我国民事诉讼法应当借鉴国外成功的经验,建立一个审前的准备程序,集中解决双方当事人如何通过诉讼程序获取必要证据的问题。

第三,对于需要由法院收集调查的证据,应建立当事人申请、法院审查并作出决定以及当事人异议的制度。这样的规定既便于操作,为当事人提供了保障,同时也设置了必要的条件,有助于使当事人和法院在取证

① 叶自强:《民事诉讼观念的转变及其实现机制》,载《法律科学》1997 年第 1 期。

问题上权利义务关系明确。当事人认为对案件事实有证明作用的证据，自己因客观条件的限制不能收集的，可以向法院提出申请，法院对申请要及时审查，确属应由自己收集范围内的证据，应当及时收集，如果该证据不属于法院收集调查证据的范围，则应驳回当事人的申请，当事人不服，可以提出异议一次。这样既充分保障了当事人权利的行使，又促使法院慎重对待这一问题，从而使当事人提供证据与法院收集证据的关系较好地得到协调。

第四，通过制度加强程序保障。程序保障取决于两方面，一是制度的设置应当健全，二是要求承办案件的法官严格依法办案，充分保障双方当事人行使权利并与一定的法律责任相联系。二者紧密联系，缺一不可。从制度的设置方面来说，除了应完善立法对于各项具体规则的规定外，尤其应当增加一些保障性的制度。目前，对于当事人来讲，不能承担举证责任，他会面临败诉，而法院在应当收集并且能够收集证据时不去收集，制度上却没有任何制约，建议在这种情况下，败诉人如提出上诉，第二审法院一律裁定撤销原判，发回原审法院重审。对于承办案件的法官，则可对其实行违法责任追究制。在证据制度的改革与完善中，加强程序保障须与其他问题综合考虑，并置于民事诉讼制度改革的宏观背景下，与整个制度的改革与完善同步进行。

六、关于无独立请求权的第三人制度的若干思考

（一）无独立请求权第三人的基本特征

在前资本主义社会，由于生产力发展水平低下，民事交往相当贫乏和简单，两个相对主体之间的一次性交易是民事交往的基本模式。民事法律关系单一决定了民事纠纷主体的单一性，民事诉讼都是以原告和被告的两造诉讼结构进行的，不存在第三人参加诉讼的情况。随着资本主义经济的产生和发展，社会经济交往越来越频繁，社会化的生产使生产和流通过程具有了紧密的联系，多个主体间的多个民事经济交往相互影响或者前后衔接，其中某个民事法律关系若出现纠纷，往往会导致与其相关的多个民事法律关系不能正常运转，从而将这几个有相互关联的民事法律

关系都牵涉到纠纷当中。在这种情况下,传统的原告和被告两造诉讼的结构就难以使这些纠纷能够得到妥善的解决。若将这些纠纷分成若干个诉讼以适应两造诉讼的模式解决,往往又会造成裁判的前后矛盾,导致司法资源浪费。为了以更好的诉讼方式解决这种相互牵连的纠纷,英美法系国家最早确立了诉讼第三人制度。大陆法系国家中,最早对诉讼第三人制度作出较为详细规定的是德国的1877年《民事诉讼法典》,随后,奥地利、日本等国家借鉴德国的经验也在民事诉讼法中设立了诉讼第三人制度。苏联等社会主义国家以及中国也根据需要设置了别具特色的第三人制度。

根据我国民事诉讼法的规定,无独立请求权的第三人是指对他人之间争议的诉讼标的,没有独立的请求权,但案件的处理结果与其有法律上的利害关系,因而参加到他人的诉讼中进行诉讼的人。无独立请求权的第三人具有以下几个方面的特征:(1) 对他人争议的诉讼标的没有独立的请求权,即他对原、被告之间争议的诉讼标的不能主张实体权利。在诉讼中,他常常只是辅助本诉的一方对抗另一方,自己本身没有提出独立的主张。(2) 案件的处理结果与其有法律上的利害关系,因而他参加诉讼又是为了维护自己的民事权利。在诉讼中,他虽然是辅助一方当事人进行诉讼,但其目的是通过辅助一方以达到维护自己利益的结果。原因在于,被辅助的一方胜诉,判决将对其有利;被辅助的一方败诉,判决则对其不利。(3) 在诉讼中具有特殊的诉讼地位,他既不是原告,也不是被告,而是具有独立诉讼地位的一种诉讼当事人,属于广义上的当事人。

(二) 无独立请求权第三人参加诉讼的根据

我国《民事诉讼法》第56条第2款规定:“对当事人双方的诉讼标的,第三人虽然没有独立请求权,但案件的处理结果同他有法律上的利害关系的,可以申请参加诉讼,或者由人民法院通知他参加诉讼。”由此,无独立请求权第三人参加诉讼的根据是他人之间的案件的处理结果同他有法律上的利害关系,对此,学界没有异议。

然而,关于什么是“法律上的利害关系”,理论界存在很多争议,可谓众说纷纭,论点纷呈。其中,具有代表性的观点主要有以下几种:(1) 所谓法律上的利害关系是指,作为当事人争议的诉讼标的法律关系,与第三人参加的另一法律关系有牵连。在后一法律关系中，当事人是否行使权利、履行义务，对前一法律关系中当事人行使权利、履行义务，有直接、间接的影响。[①]（2）所谓法律上的利害关系，是指第三人的权利义务将受到影响，即影响权利义务的有无、增加或减少。[②]（3）所谓案件处理结果与其有法律上的利害关系，是指第三人与当事人一方有民事上的法律关系，因该当事人败诉，他就可能负有某种法律上的义务。从学者们的论述来看，以上各种观点都从某一侧面揭示了“法律上利害关系”的内涵，都有可取之处，但也存在不足。第一种观点缺乏对“法律上利害关系”的限制，对其理解显得过宽，容易造成无独立请求第三人制度的滥用。第二种观点只是局限于对法律条文的字面解释，没有揭示无独立请求权第三人与案件处理结果有法律上利害关系的内在牵连性本质。第三种观点只注意讲第三人在无独立请求权第三人诉讼中可能涉及到的“义务性”关系，理解过于狭窄，不能涵盖“法律上利害关系”的所有内容。

笔者认为，各种观点间出现较大差异与存在偏颇的原因在于“法律上利害关系”这一概念本身的模糊性，法律又没有对此作出具体而明确的解释。这种情况无疑会导致判断无独立请求权第三人标准的混乱，不利于司法实践的具体把握。笔者认为，应从以下三个方面正确地理解“法律上利害关系”的内涵。

首先，从性质上看，无独立请求权第三人制度中所指的“法律上的利害关系”，应当是一种民事实体法上的利害关系。根据我国法律的规定，民事诉讼的受案范围是因民事实体法上的权利义务发生争议而引起的纠纷。无独立请求权第三人与本诉案件的处理结果存在牵连利害关系，只有在民事实体法上的权利义务关系中才可通过民事诉讼方式予以认定。因而，不能对“法律上的利害关系”的性质作过于宽泛的解释，把其他性质的法律关系，如程序法律关系、行政法律关系等也包括到其中。在性质上对“法律上利害关系”进行界定有利于与民事诉讼主管制度的协调，防止无独立请求权第三人制度被滥用。

其次，法律上的利害关系是一种具有紧密联系的内在牵连性。具体

① 参见柴发邦主编：《民事诉讼法学新编》，法律出版社 1992 年版，第 176 页。

② 参见张卫平主编：《民事诉讼法教程》，法律出版社 1998 年版，第 157 页。

来说，是指作为本诉的原被告争议诉讼标的的法律关系和本诉的原告或被告与第三人之间的另一个法律关系有内在的牵连。这种内在的牵连不仅表现为两个法律关系主体的竞合，而且还表现为两个法律关系客体竞合或者内容的一致性。由于这样的内在牵连性，使无独立请求权第三人同本诉原、被告之间争议的诉讼标的具有了直接的关系。因此，不能把和当事人争议的诉讼标的没有内在牵连的第三人当作无独立请求权的第三人，以避免滥用无独立请求权第三人制度。

再次，从内容上来看，在司法实践中，“法律上的利害关系”应当包括“义务性关系”、“权利性关系”和“权利义务性关系”三种类型。义务性关系是司法实践中最常见的一种“法律上的利害关系”，在这种情况下，无独立请求权的第三人因本诉一方当事人的败诉而要承担全部或部分的责任。如甲商场验货时发现空调存在瑕疵问题，诉到法院要求乙批发公司赔偿损失。在诉讼中，乙批发公司称这批空调是丙工厂生产的，因此丙工厂被追加为无独立请求权第三人加入诉讼。此案若乙批发公司败诉，基于乙批发公司与丙工厂之间的购销合同关系，丙就有可能要承担全部或部分的责任。这就是说甲商场与乙批发公司讼争的案件的处理结果与丙工厂之间存在义务性的利害关系。权利性关系是指无独立请求权的第三人可以根据他和本诉当事人之间有内在牵连的某一法律关系而对本诉中败诉的一方当事人主张一定的权利。再如，甲工厂与乙公司之间签订了由乙向甲提供棉花的合同，后来甲工厂不需要棉花，于是与丙签定了合同将全部棉花转卖给丙。后来发生纠纷，乙公司对甲工厂提起诉讼，请求确认合同无效。此案中，甲、乙之间和甲、丙之间各存在一个合同关系。如果甲败诉，甲将无法向丙交付棉花，丙可以基于他与甲之间的合同关系而向甲主张赔偿损失。这就是说，丙与甲、乙之间案件的处理结果存在一种权利性的关系。权利义务性关系是指无独立请求权的第三人基于本诉一方当事人的败诉，可能对其主张一定权利并承担一定的义务。在这种情况下，第三人对本诉当事人的权利义务均因本诉一方当事人的败诉而引起，权利与义务紧密结合，不可分割。又如，甲将一辆货车交给乙看管，乙擅自将其出租给丙，现甲诉乙侵权，要求乙返还货车。在此案中，如乙败诉，乙与丙之间的租赁合同关系便失去法律效力，丙负有返还货车的义务。同时由于导致合同关系无效的责任在于没有出租权的乙，所以丙作为承租人可以向乙主张赔偿损失。这就是说，丙对甲乙之间案件的处理结果有“权利义务性”关系，可以作为无独立请求权的第三人参加诉讼。

（三）无独立请求权第三人的诉讼地位

我国民事诉讼法将无独立请求权第三人规定在当事人一章当中，从这一篇章体系结构来看，一方面，似乎可以认为无独立请求权第三人是当事人的一种。但是，另一方面，《民事诉讼法》第 56 条第 2 款又规定：“……人民法院判决承担民事责任的第三人，有当事人的诉讼权利义务”，似乎又把无独立请求权第三人与当事人区别开来。无独立请求权第三人只有到了确定需要承担民事责任时才具有当事人的资格。

立法上的模糊与矛盾导致了人们对无独立请求权第三人诉讼地位的界定存在着很大的分歧。有的学者认为无独立请求权第三人既不是原告，也不是被告，而是具有独立诉讼地位的一种诉讼参加人。[①] 有的学者认为无独立请求权第三人参加诉讼，承担实体义务的，处于当事人地位，不承担实体义务的，实际上是协助当事人进行诉讼，不处于当事人地位。

笔者认为将无独立请求权第三人看成是不确定的当事人，或者认为第三人承担实体义务的处于当事人地位，不承担实体义务的则不是当事人的观点是值得商榷的。因为当事人的诉讼权利义务的享有和承担是从诉讼开始时即已存在的，不应仅仅体现在法院作出判决以后。如果要等到法院判决时才能确定第三人的当事人地位，则意味着无独立请求权第三人在法院作出判决以前无法享有当事人的诉讼权利。在诉讼中没有得到充分的程序权利保障，却要对诉讼承担不利后果，显然不符合程序正当性的要求。

无独立请求权的第三人是为了维护自己的权益而以自己的名义参加诉讼的，在诉讼中，通过支持一方当事人反对另一方当事人，或者既反对一方当事人又反对另一方当事人，从而维护自己的利益。法院对本案作出的判决对其有法律拘束力。即如果法院判决无独立请求权的第三人承担责任，则该判决对该第三人有执行力。因而，无独立请求权第三人符合当事人的特征，应当属于当事人的一种。但是，无独立请求权第三人对本

① 参见常怡主编：《民事诉讼法学》，中国政法大学出版社 1996 年版，第 112 页。

案原被告之间的诉讼而言,他只具有间接的利害关系,不能享有当事人的全部诉讼权利,与通常意义上的当事人存在着较大的区别。因而,笔者赞同将无独立请求权的第三人界定为广义的当事人,与其他当事人相比,他具有独特的诉讼地位。这种独特性可以从以下几个方面来理解。

首先,在其参加的诉讼中,无独立请求权的第三人既非原告也非被告,是一种具有特殊诉讼地位的参加人。无独立请求权第三人是因为他人讼争的案件处理结果与其有法律上的利害关系而参加诉讼的,他与讼争的原、被告之间的法律关系有内在牵连,但并不是该法律关系的直接权利义务人。因而,他在诉讼中的权利受到一定的限制,既不能提起诉讼而成为原告,也不能被诉而成为被告,而是一种具有独立地位的诉讼参加人。

其次,无独立请求权的第三人在诉讼中具有独立性,也就是他在诉讼中具有相对独立的诉讼地位。因而,有些学者认为无独立请求权的第三人总是辅助一方当事人,站在一方当事人立场上提供证据,进行辩论的观点是值得商榷的。无独立请求权第三人的独立性主要表现在以下几个方面:(1) 无独立请求权第三人以自己的名义参加诉讼,在诉讼中以相对独立的主体资格享有诉讼权利,并承担诉讼义务。按照有关司法解释的规定,无独立请求权第三人在诉讼中,有权了解原告起诉的事实和理由和被告答辩的事实和理由;有权向法院陈述意见,提供证据,参加辩论,如判决他承担责任的,他有权提起上诉。(2) 无独立请求权第三人参加诉讼的根本目的在于保护自己的利益。在诉讼中,尽管无独立请求权第三人往往是支持一方当事人,反对另一方当事人,但是他与所支持的一方当事人并无共同的利益,相反,他与被支持的当事人也是有冲突的。正是其有利益上的独立性,使他在诉讼中不可能完全依附于一方当事人,因而具有独立的诉讼地位。

再次,无独立请求权的第三人又有一定的依附性。无独立请求权的第三人参加诉讼是由于原被告之间讼争的案件的处理结果同他有法律上的利害关系,其诉讼地位对于原被告之间的诉讼而言具有一定的依附性和从属性。具体表现为:(1) 无独立请求权第三人地位的获得,以原被告之间的诉讼存在为前提。原被告诉讼地位的丧失,将导致无独立请求权第三人丧失其诉讼地位。如前所述,无独立请求权第三人参加诉讼是由为他人之间诉讼的案件处理结果同其有法律上的利害关系，如果原、被告之间的争议还没有形成讼案或原被告之间的讼案已经审理终结，则不可能出现同案件处理存在某种利害关系的诉讼第三人。(2) 无独立请求权的第三人在诉讼中往往要通过陈述意见、提供证据和参加辩论等方式，支持一方当事人反对另一方当事人，直观地看，他更像是一个原当事人某一方的辅助人。这是由于无独立请求权的第三人同原当事人在利益上存在牵连性，如果他支持的一方当事人败诉，就会导致其权利义务受到影响。因此，他必须站在一方当事人一边支持其主张以维护自己的利益。另外，由于无独立请求权的第三人与原被告之间争议的法律关系只有间接的关系，不是其直接主体不能直接反驳对方当事人的主张，而只能辅助一方当事人反驳对方当事人的主张。

（四）无独立请求权第三人的诉讼权利

无独立请求权第三人的诉讼权利与其诉讼地位是紧密相连的。与其他当事人相比，无独立请求权第三人的诉讼地位具有一定的特殊性，决定了其诉讼权利也与其他当事人之间存在着差别。根据相关司法解释的规定，无独立请求权的第三人享有的诉讼权利主要有：有权了解原告起诉和被告答辩的事实和理由；有权向法院递交陈述意见书；陈述自己对该争议的意见；有权向法院提供证据；有权参加法庭辩论等。无独立请求权第三人无权对管辖权提出异议、放弃或者变更诉讼请求以及申请撤诉。

无独立请求权的第三人有没有上诉权则不能一概而论，应视具体情况而定。根据我国《民事诉讼法》第 56 条第 2 款的规定，人民法院判决承担民事责任的第三人，有当事人的诉讼权利义务。由此，无独立请求权第三人若要对判决承担民事责任，则具有完全的当事人主体资格，享有上诉权。没有被判决承担民事责任的无独立请求权第三人则没有上诉权。这时，他是案外人，不能对他人之间的诉讼判决提起上诉。

无独立请求权的第三人对原被告争执的诉讼标的没有独立的请求权，即不能处分原被告之间的实体权利，当然不享有申请法院调解的权利。但是，如果原被告申请调解的，无独立请求权第三人有权参加调解。在调解的过程中，他不能对原被告间的实体权利作出处分。

同时，由于本案争议的民事法律关系并不存在于无独立请求权第三人与本诉当事人之间，无独立请求权第三人在本案中与原被告之间并无直接的权利义务关系，无独立请求权第三人没有参加诉讼并不会影响法院对本案作出判决，结案后，败诉的当事人可以向该案外第三人提起诉讼，或者该案第三人也可以向败诉的当事人提起诉讼，法院可以将它作为另案处理。因而，如果无独立请求权第三人未经申请或者经申请后不参加诉讼，法院应该照常审理原、被告之间的诉讼，而无须强制无独立请求权的第三人参加。

（五）关于直接判决无独立请求权第三人承担民事责任的问题

不管是从我国立法还是学理上来看，无独立请求权第三人都没有完全独立的诉讼当事人地位，他具有一定的独立性，同时又具有依附性。在诉讼中他享有不完全的诉讼权利，当他获得当事人完全的诉讼地位时，已是法院判决他承担民事责任以后。这与现代程序的正当性原则相矛盾。按照现代的程序正当性原理，当事人只有在获得了充分的正当性程序保障的前提下，才能对判决的结果负责。而无独立请求权第三人在承担民事责任前却缺乏程序保障的正当性前提。这主要表现在：(1) 无独立请求权的第三人没有向本案当事人提出请求的权利。民事诉讼的判决都是在当事人相互间主张与反驳、请求与反请求的对抗中作出的，只有这样，当事人间的诉讼权利才能得到平等的保障并促使诉讼结果的公正。无独立请求权的第三人在诉讼中没有主张的权利，却可被判决直接承担责任，这样的判决难以获得正当性。(2) 无独立请求权的第三人没有管辖异议的权利。法院判决无独立请求权的第三人承担民事责任，说明法院在同一诉讼中处理了两个民事法律关系，一个是原、被告间的法律关系，另一个是无独立请求权第三人与原被告中一方当事人间的民事法律关系，也就是说，法院是合并审理了两个诉，若不是这样，无独立请求权的第三人承担责任便缺乏实体法依据。既然是将两个可以分离的诉合并管辖，当事人及无独立请求权的第三人就应该享有管辖异议权。但根据现行民事诉讼法及相关司法解释的规定，无独立请求权的第三人却不可以对管辖提出异议。(3) 严格地讲，法院判决无独立请求权的第三人承担民事责任，并没有以诉的存在为前提。无独立请求权的第三人在诉讼中既不是原告，也不是被告，他与案件任何当事人之间都不存在一个独立的诉，院直接判决他承担民事责任缺乏实体法与程序法依据。因为法院作出的对当事人有拘束力的判决，是以当事人间诉的存在为前提的。没有第三人的诉以及对第三人的诉，法院却判决其直接承担民事责任，导致第三人的诉权没有程序保障。

总之，我国民事诉讼法规定“法院可以直接判决无独立请求权第三人承担民事责任”与其诉讼地位之间存在着矛盾，这种矛盾的结构性缺陷使学理上无法对此作出合理的解释，司法实践中滥用该制度并因此损害第三人合法权益的情形屡禁不止，也与此有直接关联。因此，如何利用无独立请求权第三人制度以实现诉讼经济、节约司法资源，又不至于损害无独立请求权第三人的程序权利从而损害司法公正，仍然是立法部门与学界需要深入研究的问题；而实务部门应当注意的是，正确理解和把握“法律上的利害关系”，严格控制其适用范围，在现行法规定的范围内尽可能充分地保障无独立请求权第三人的程序权利和实体利益。

第二章
民事纠纷的合意解决

一、祖国大陆法院调解制度与香港诉讼和解制度之比较研究

我国现行的法院调解制度尽管经历了从立法到实务的不断发展和完善,但仍因存在种种弊端而饱受批评。笔者注意到,学者们在对法院调解进行研究并进行深刻反思之后,提出了一些改革方案,有人主张应将调审彻底分离,让调解和审判按照各自的规律在不同的空间内运行[①];有的学者则主张应将调解程序作为诉讼的前置程序,进入诉讼程序后就不允许再调解,而以诉讼中的和解取而代之[②];还有学者主张应取消哪怕是作为前置程序的法院调解,而加强诉讼上和解制度的立法。[③] 总之,学术界在反思法院调解制度的基础上,越来越重视对和解制度的关注与研究。笔者试图将香港民事诉讼中的和解制度与大陆现行的法院调解制度作一比较,或许我们会从中得到某些启示。

香港民事诉讼中的和解制度,在解决民事纠纷方面被证明是一套行之有效的办法,因而被广泛地运用。根据有关规定,香港民事诉讼中的和解分为诉讼外的和解与诉讼上的和解两种。"诉讼外的和解,顾名思义,乃是当事人在诉讼外,私下互相洽商消解纠纷的办法,而达成的协议。"[④] 这种和解又叫庭外和解,它完全是当事人行使自己权利的表现,任何人均

---

① 李浩:《民事审判中的调审分离》,载《法学研究》1996 年第 4 期。
② 章武生:《论诉讼和解》,载《法学研究》1998 年第 2 期。
③ 张晋红:《法院调解的立法价值探究》,载《法学研究》1998 年第 5 期。
④ 汤维建、单国军:《香港民事诉讼法》,河南人民出版社 1997 年版,第 30 页。

不得强迫他们为之,也不得任意干预其过程和否定其效果。和解协议一经形成,双方的权利及责任关系便重新划定,任何一方均不得事后翻悔和再行诉讼。庭外和解在性质上接近于民事契约,但由于协议对双方具有约束力,因而也具有解决纠纷的功能。

诉讼中的和解,又叫庭内和解,"是指在诉讼进行中,由承审法官酌拟办法,劝谕原告和被告和解,经双方当事人达成合意,或由一方提出清偿办法,经他方接受,而成立的和解"[①]。与诉讼外和解不同的是:第一,诉讼中的和解有一个第三方——主审法官参与,该法官可以在诉讼的任何阶段试行和解,提出和解方案。如果说诉讼外和解仅仅是双方当事人在私法上的合意,是一种私法行为的话,那么诉讼和解则是一种诉讼行为。第二,双方当事人的和解协议达成后,法官一般会制作笔录,然后签发法庭命令,确认和解协议的内容。诉讼上的和解不仅仅是双方当事人的合意,而且有了审判权对其加以认可的因素。第三,和解成立后,协议与法庭审讯后所作出的判决具有同等效力,对于双方当事人的责任和权利义务关系而言,和解协议发生确定之效力,有给付内容的协议,还产生强制执行的效力。

香港诉讼外的和解与祖国大陆的法院调解,因不具有可比性,故以下仅对诉讼上的和解与祖国大陆的法院调解制度进行比较。

香港民事诉讼法规定的诉讼上和解,尽管被称作和解,却在一定程度上与祖国大陆的法院调解十分相似。表现在:

第一,和解与调解都是作为一种纠纷解决制度而存在的。在香港的司法实务中,一直十分倡导和解,尽管香港的诉讼法理并不刻意讨论和解为主还是判决为主的问题,但和解和判决一直是并处于诉讼程序之中的。作为一种纠纷解决手段,主审法官通常视具体案情随机主持双方和解,达成和解协议后,即可结束诉讼,由此而成为一种重要的结案方式。祖国大陆的调解制度则无论从立法上、理论上还是司法实务中都是解决纠纷的方式,仅从结案的角度看,完全可将其称作是民事纠纷的主要解决手段。

第二,主审法官在和解或调解中都兼有主持者与裁判者的双重身份。在香港的法院中,不论诉讼程序进行到哪一步,只要主审法官认为和解对

① 汤维建、单国军:《香港民事诉讼法》,河南人民出版社1997年版,第30页。

双方都有利的，不但有权同时也会主动地试行和解，至于和解方案，既可以由一方当事人提出，还可以由主审法官提出。祖国大陆的法院调解，通常也是在主审法官的主持下进行的，具体的运作方式大体与香港的和解相同，即主审法官适时为双方当事人提供自主协商的机会，然后由双方当事人就实体权利义务的有关问题进行沟通，如果双方经协商能够达成一致，需经主审法官认可；如果经协商双方不能达成协议，则由主审法官依法进行裁判。调解或和解的主持者同时也是案件的裁判者，在这一点上，香港的诉讼和解与祖国大陆的法院调解并无不同。

第三，无论是和解协议还是调解协议，都是当事人通过协商形成了合意，并得到法庭的认可。在香港，双方达成和解协议，主审法官会当庭笔录，并签发法庭命令，确认和解内容；在祖国大陆，双方达成协议后，法院将制作调解书或将调解协议内容记入笔录，经双方当事人签收或签字后发生法律效力。只有当事人的合意而没有法院的认可，不可能产生诉讼法上的效力。

从立法层面上以及司法实务看，香港的诉讼和解与祖国大陆的法院调解并无大的区别，因而有的学者认为香港的诉讼和解就是祖国大陆的法院调解。[①] 这是有一定道理的。但是这两种制度运行的社会效果却有着显著的区别。正如许多学者所指出的那样，祖国大陆的法院调解，尽管自愿原则越来越受到重视和强调，但法院的主导作用依然比较明显，加之诉权对审判权的制约机制未能有效建立，因而双方当事人的合意未能得到应有的尊重，法院强制或变相强制调解的现象比较普遍。

通过这一概要的比较，笔者感到学术界对祖国大陆法院调解弊端的分析似乎有些问题，许多学者提到的法院调解的“弊端”在香港的诉讼和解中同样存在，可是在诉讼和解的运行过程中并没有出现什么问题。例如，有的学者指出，在调解中，法官具有双重身份，既是调解者又是裁判者，因而他具有潜在的强制力，在这种强制力的作用下，当事人自愿达成协议就会变形、虚化。[②] 还有学者指出，法院调解是法院在当事人自愿基

---

① 参见张广兴主编:《大陆与港台民事诉讼法》,法律出版社 1993 年版,第 100 页。

② 参见江伟主编:《中国民事诉讼法专论》,中国政法大学出版社 1998 年版,第 432 页。

础上的职权行为①,既然是职权行为,则法院调解所具有的种种缺陷无不与之有关。对照香港的诉讼和解制度,我们可以清楚地看到,和解同样是由承审法官主持,他既可以提出和解方案,还可以在合意无法形成时主持庭审,作出判决。他也兼有双重身份,其主持和解也好,作出的裁判也好,同样是职权行为。在这一点上,与祖国大陆的法院调解没什么两样。由此不能不产生这样的疑问:我们是否准确地找到了法院调解制度的弊端?改革我们的制度应针对存在的弊端进行,如果对法院调解制度存在的弊端及其至成原因没有深入分析就提出改革方案,未必会有好的效果。对香港诉讼和解制度的研究,应当引发我们对这个问题的深思。

与祖国大陆的许多学者一样,笔者也认为我国现行的法院调解制度存在需要加以革除的弊端,祖国大陆需要建立民主、公正和富有效率的合意解决纠纷的诉讼机制。然而通过对香港诉讼和解与祖国大陆法院调解运作情况的对比分析,笔者以为在讨论建立合意解决纠纷的诉讼机制之前,应认真考虑这样几个问题:在双方当事人合意解决纠纷的过程中,能否以及是否应该设置一个享有审判权的第三方?如果设置这样一个第三方,是否必然会出现强制调解?“调审分离”和“以和解取代调解”的改革方案付诸实施后是否一定能够奏效?导致法院调解弊端的根本症结究竟何在?

笔者认为,其一,在双方合意解决纠纷的过程中,设置一个享有审判权的第三方并无不妥,而且是十分必要的。因为无论是法院调解还是诉讼和解,都是在诉讼程序展开之后进行的,诉讼中对立着的双方要坐到一起进行平等对话,客观上需要一个第三方起中介作用,而这个第三方,在诉讼这样一个特定的空间里,由公正、中立并享有威望的法官充当无疑是十分恰当的。其二,如前所述,双方当事人合意的目的在于解决民事权利义务争议,结束诉讼。在双方合意的基础上,需要法官对合意加以确认,也就是说,诉讼和解和法院调解,均须当事人的诉讼行为与法院的诉讼行为相结合,二者缺一不可,仅有双方当事人的合意,还不足以产生诉讼法上的效力,无法结束诉讼。因此,双方合意解决纠纷,不论从其过程、还是从其结果来看,享有审判权的第三方的存在都是必要的、必需的。

---

① 参见张晋红:《法院调解的立法价值探究》,载《法学研究》1998 年第 5 期。

接下来的一个问题是,兼有调解者与裁判者双重身份的法官主持调解或和解,是否必然导致强制或变相强制双方形成合意?笔者在对我国香港及外国诉讼和解制度深入了解之前,曾对此深信不疑。但随后笔者发现,香港民事诉讼法规定的诉讼和解中法官也兼有双重身份,不仅如此,而且日、德等国的民事诉讼法也都有类似规定。但在他们那里,并没有出现(至少不是普遍存在)法官强制或变相强制的现象。笔者曾观摩了一个美国模拟法庭现场演示的合同纠纷案件的审理,在庭前及庭审程序进行中,美国法官多次试行和解,甚至在庭审结束后,在认定被告方违约的基础上,仍劝说双方为维系多年的商业伙伴关系,不妨再谈一谈,争取以和解的方式解决争议。这一现象应当引起我们的注意,法官同样的做法却产生了两种不同的社会效果,这究竟是为什么?

如果对上述两个问题我们不能寻找到正确的答案,那么"调审分离"和"以和解取代调解"的改革方案能否奏效就值得怀疑了。因为,按照"调审分离"的思路将调解从审判程序中分离出去,弊端未必能够克服:诉前的调解如果仍叫法院调解,那么强制或变相强制的现象仍然有可能发生;如果完全不要法院参与,那么与人民调解就没有区别了。以诉讼和解取代法院调解,同样要面对这个问题,否则诉讼和解只要有法院参与就可能重复法院调解的错误,而过于排斥法院的职权干预,又有可能导致诉讼和解应有的功效难以发挥。笔者认为,只要双方当事人合意解决纠纷是发生在诉讼程序之中,法院的职权介入就是必要的。民主的诉讼程序并不排斥国家的审判权,而且要有充分的权力,否则就不能叫诉讼。① 这是由"民事诉讼是当事人通过国家公权力来解决私权方面纠纷"的性质所决定的。② 我国香港地区以及日、德等国的诉讼和解制度展示给我们的是法官不仅可以介入和解并且介入和解并非必然导致强制或变相强制和解,这与上述原理并不矛盾。如果我们站在自己的理论基点上去指责香港"法官试行和解"的做法为强制和解开了方便之门,未免太武断并且不符合实际。

---

① 参见何文燕:《论民事诉讼模式选择与审判方式改革》,载中国法学会诉讼法学研究会:《诉讼法理论与实践》(1996 年卷),中国政法大学出版社 1997 年版,第 358 页。

② 同上。

从理论上讲,诉讼和解和法院调解作为有效的纠纷解决手段,取决于两个要素:一是当事人的合意,二是具有解决纠纷、结束诉讼的效力。其中当事人的合意因与诉讼中的处分原则相契合,因而使合意从实质上讲具有正当性;而能够产生诉讼法上的效力,则使这种合意能以诉讼的外观有效地发挥出与法院判决般的解决纠纷的功能,这一点取决于法院在合意中的能动作用。诉讼中的合意是当事人的诉讼行为与法院的诉讼行为相结合的产物,是"联合诉讼行为"①,这实际上反映了当事人与法院在诉讼中的地位及其相互关系,反映了诉权与审判权的关系。如果说香港的诉讼和解与祖国大陆的法院调解有什么不同的话,那么主要表现是:在祖国大陆法院调解中,诉权与审判权的关系不协调,当事人的处分权不能有效行使,从而影响了真正意义上合意的形成。不论是诉讼和解还是法院调解,当事人的合意是最本质的因素,是矛盾的主要方面,因此,围绕真正意义上合意的形成来完善我们的制度,应当是问题的关键之所在。

在对祖国大陆法院调解制度进行反思并对我国香港地区乃至外国诉讼和解制度进行比较研究之后,笔者拟提出建立真正民主、公正、高效的合意解决纠纷机制的几点具体思路。

第一,进一步协调诉权与审判权关系。

由于我国一直采用超职权主义的诉讼模式②,因而诉权与审判权关系是不协调的,突出表现为审判权过于扩张,而诉权不充分并且缺乏保障。在当事人合意解决纠纷的领域,如果审判权凌驾于诉权之上,势必损害当事人在自愿的基础上形成合意。祖国大陆的民事诉讼法律规范对这个问题的规定基本上是粗放型的,这不仅表现为对当事人诉讼权利的设定不够明确,而且还表现为对审判权缺乏必要的限制。"就权力与权利的关系而言,权利的设定意味着法律划定了国家权力不得随意进入的空间"③这个问题不明确,诉权的合理空间就不清楚,强制或变相强制调解就有了条件,而且也无法对其进行制约与监督。

协调诉权与审判权的关系,必然地要涉及到调整诉讼结构的问题,因

① 〔日〕兼子一、竹下守夫:《民事诉讼法》,白绿铉译,法律出版社 1995 年版,第 141 页。
② 蔡虹:《民事诉讼结构的调整及其基本模式的选择》,载《法商研究》1998 年第 5 期。
③ 徐国栋:《市民社会与民法》,载《法学研究》1994 年第 4 期。

而革除法院调解制度中的弊端应置之于整个民事审判方式改革的宏观背景下进行。在我国已经运行了几十年的法院调解制度,受制于整个诉讼结构,法院与当事人关系反映的是计划经济体制下国家与经济主体的关系,国家干预色彩浓厚;而在市场经济体制下,社会结构、社会关系发生了深刻变化,作为经济主体的公民、法人和其他组织,不仅在经济生活中,而且在诉讼领域内有了尊重权利、自由处分、充分对话的意愿,强烈的国家干预色彩则显得与之很不相适应。因此合意解决争议的诉讼机制的建立和完善,必须从调整诉权与审判权的关系入手,摆正当事人与法院在合意解决争议过程中的位置,当事人始终是合意的决定者,而法院则应为此提供条件和保障,不得强制或变相强制。

第二,根据合意解决纠纷机制的特点及规律,确立正确的原则。

我国现行的法院调解制度确立了三项原则,即自愿原则;查明事实、分清是非原则;合法原则。原则本应反映适用对象的客观需要及规律,否则难以发挥其指导作用。而在上述三项原则中,查明事实、分清是非原则以及合法原则显然与合意解决争议的诉讼机制不符。查明事实、分清是非是法院判决的前提,而不应是调解的前提,因为调解的本质特征表现为双方当事人的合意。根据处分原则,在诉讼中双方有权处分自己的民事权利和诉讼权利,在这个基础上双方通过协商、对话就实体权利义务关系达成协议,即可解决争议。对于合意,查明事实、分清是非并非那么重要,即使案件事实没有查清,只要双方当事人在处分原则的基础上能够达成协议,就应当成立。这一点与判决不同,判决是强制性的,它不取决于双方当事人是否愿意,而是取决于事实、法律和证据。因此,法院在作出裁判前,必须查明事实、分清是非,否则就不可能正确适用实体法,作出裁判。由此可见,将查明事实、分清是非作为法院调解的原则,这是不恰当的。

关于合法原则,民事诉讼法的规定很抽象。按照学理解释,通常合法原则被解释为程序合法和实体合法。① 程序合法是指调解的过程应当符合民事诉讼法的规定,实体合法则是指调解协议的内容必须符合实体法的规定。而在实际操作中,合法原则的把握却并不那么容易。不论程序

---

① 参见常怡主编:《民事诉讼法学》,中国政法大学出版社 1996 年版,第 68 页。

合法还是实体合法，与法院作出判决的合法性要求都是不同的。法院调解贯穿于审判程序的全过程，也就是说，可以在审判程序的任何一个阶段进行，但同时也就意味着调解并没有独立的程序，它是比较灵活的、方便的、简捷的，因而要求调解在程序上合法的意义不大。而要求双方的协议在实体上合法，更是明显地与合意解决纠纷这种性质不相协调。因为“调解解决的正当性并非来源于解决方案严格基于法律而形成，而是来源于当事人双方对解决方案的认同”[①]。如果在法院调解过程中同判决一样坚持同样的实体合法标准，那么在相当多的场合恐怕双方当事人无法达成协议。合意的形成过程，往往会伴随着当事人对自己实体权利的处分，伴随着双方在自愿的基础上作出或多或少的让步。这里，问题的关键在于双方是否能够在自愿的基础上通过协商达成协议，因为从实体上讲诉讼中的合意主要是当事人的私法行为，因而应遵循“法律所不禁止即为合法”的原则。

由此可见，在我国的法院调解中，确立查明事实、分清是非原则和合法原则是不恰当的，其根本原因就在于它没有反映合意解决纠纷的本质特征及其客观要求，相反却与这种诉讼机制不协调甚至矛盾。在这三项原则中，唯有自愿原则的确立是适当的，这一点将随后论述。

第三，强化并贯彻处分原则。

处分原则是民事诉讼中最重要、最基本的原则之一，因为民事诉讼是解决私法关系的司法形式，所以应当尊重当事人对自己权利的支配。[②]“民事诉讼法上的选择主义和处分主义就是私法自治在公法领域内的直接延伸”[③]，在当事人合意解决纠纷的过程中，当事人能否真正享有处分权关系重大，香港诉讼和解的成功与大陆法院调解的不足，均与之有直接的关联。从祖国大陆现有的立法与司法来看，在民事诉讼中处分原则的贯彻情况是存在问题的，而这些问题在调解制度中几乎成为导致调解诸多弊端的最主要原因。处分原则不能很好贯彻，双方当事人就不能真正成为合意的决定性因素，强制或变相强制调解就无法得到控制，从而使合

① 李浩：《民事审判中的调审分离》，载《法学研究》第18卷第4期。

② 参见江伟主编：《中国民事诉讼法专论》，中国政法大学出版社1998年版，第214页。

③ 江平、张洪礼：《市场经济和意思自治》，载《法学研究》1993年第3期。

意解决纠纷的功能不能很好地发挥。

我国正在进行的民事审判方式改革的重点之一就是强化当事人的处分权。现行《民事诉讼法》确实对当事人的处分权进行了充实和强化，然而无论从立法上还是在实践环节中处分原则的贯彻都还有所欠缺。对于完善或重建我国的合意解决纠纷制度，处分原则的贯彻应重点解决下列问题：

第一，真正赋予双方当事人以程序选择权。在进入诉讼程序之后，选择合意解决纠纷还是选择审判，应当充分尊重当事人的意愿。因为不同的纠纷解决方式对于当事人来讲，可能成本、质量、速度是不同的，当事人的需求也会不同。某一个具体的案件，是否适合采用和解的方式解决，不能以主审法官的意志为转移，而必须以当事人的意志为转移，主审法官作为一个公正、中立的第三方，只能提出建议，适时地为双方的协商、对话创造条件，实施协商、对话尤其是达成合意，应完全由双方当事人自主决定。一旦当事人一方或双方不愿以这种方式解决纠纷，应立即转入审判。

第二，保障争议双方享有平等的诉讼地位。争议双方诉讼地位平等是贯彻处分原则的基础，也是贯彻处分原则的必然要求，并且是和解或调解公正性的标志和前提。“合意在大多数场合是在相互妥协的基础上形成的，而妥协的公正性主要以当事人各方地位平等为前提。”[①]在诉讼中，如果双方的地位不平等，地位优越的一方就可能将自己意志强加于对方，从而使对方违心地接受或同意调解方案，合意的真实性也就无法保证。从我国现行的法院调解制度看，立法上双方当事人的地位是平等的，有同样的程序参与权、决定权、翻悔权等，但在实际运作过程中，还存在着阻碍双方当事人平等行使诉讼权利的主客观因素。从主观上讲，有些主审法官尊重当事人诉权的程序意识不强，或者是出于某种不良动机，压制一方当事人，使其不能与对方享有同等的诉讼权利；从客观上讲，有些案件中的当事人行使诉讼权利的条件不同，客观上阻碍着其与对方平等地行使诉讼权利。例如，当事人一方有律师的代理，而另一方则无能力聘请律师，不得不亲自与职业律师就案件的实体和程序问题进行商谈并作出决

① 〔日〕棚濑孝雄：《纠纷的解决与诉讼制度》，王亚新译，中国政法大学出版社 1994 年版，第 7 页。

定。主观上的障碍有待于法官加强自身的努力，而客观上的障碍则还需要在调解制度之外去寻找解决方案。

第三，切实保障自愿原则的实施。自愿是合意形成的必然要求和前提条件，如果当事人不能自主地选择解决纠纷的方式以及决定协议的内容，而是不得不听命于外来的指令，那么合意就不是真正意义上的合意。大陆的民事诉讼法虽然规定了自愿原则，但在贯彻落实上是存在问题的，这不仅在实务中表现为比较普遍地存在强制或变相强制调解，而且立法本身有明显不足。主要表现在两个方面：(1) 合意对双方当事人缺乏必要的约束力。诉讼中的合意只要是自愿达成的，应产生一定的法律效力，包括诉讼法上的效力和实体法上的效力。其中诉讼法上的效力表现为结束诉讼，这需要得到审判主体的认可，在此之后能够产生与法院的生效判决一样的确定力与执行力；而实体法上的效力是来自于双方当事人对自己实体权利义务的重新约定，其合意相当于一个新的契约，既然如此，达成之后就应对双方当事人产生约束力。而根据大陆民事诉讼法的规定，当事人在诉讼中达成协议，对双方并不必然地产生约束力，调解书送达时当事人任何一方还有权翻悔，并且可以不附任何理由。这一规定不仅违反了契约的一般原理，而且损害了自愿原则，损害了对方当事人的利益。因此，这一规定应当废除。(2) 当事人的合意对法官的约束力缺乏，并由此又导致审判权对合意的保障不力。如前所述，合意只要是自愿达成的，理应产生一定的法律效力，但从现行立法来看，即使合意是自愿达成的，也并不必然地产生对法官的约束力，相反，法官有权依法对合意的内容进行审查，如果法官认为合意的内容违法或违反了自愿原则，可以不认可，那么该合意便不能产生法律效力。而哪些情形属于违反自愿与合法原则的行为，法律未做任何明确规定，如何认定，没有客观尺度，完全取决于法官过于宽泛的自由裁量权。实践中，某些法官正是以协议内容不合法为由，拒绝认可双方经自愿协商达成的调解协议，从而使当事人的处分权难以有效行使。因此，民事诉讼法应明确规定双方在自愿基础上达成的协议应产生相应的法律效力，法官不得以协议内容违法为由不予认可。至于诸如在欺骗、胁迫等情况下达成的协议不得生效，法律也应作出明确规定，以增强法院判断标准的客观性，避免主观臆断，侵犯当事人的处分权。

第四，在合意解决纠纷的机制中，置主审法官以中立、公正和消极的地位。这是贯彻处分原则另一个十分重要的方面。尊重合意是香港诉讼和解的显著特征,主审法官只能在这个前提下发挥能动作用。而大陆现行民事诉讼法在明显地增大自愿因素的同时,并没有明显地弱化法官的职权,也就是说法院仍然占有主导地位,仍然具有以自己意见和建议影响双方当事人的可能。因此,有必要进一步弱化法院在调解中的职权作用,从观念上以及合意形成的整个过程中,真正尊重当事人的意愿,让当事人成为合意的决定者,而法官则应居于中立和消极地位。笔者以为,法官的职权应当限于以下几个方面:(1) 在诉讼中适时为双方提供协商、对话的机会和场合,起中介、沟通作用。诉讼中对立着的双方或许在诉前已经有了对话破裂的经历,或者双方基于对基本案件事实的看法截然不同而难以友好协商,这时,如果法官能适时地提出建议,并在双方同意的前提下使双方进入协商过程,这还是十分必要的,可以避免双方当事人仅仅因为情绪上的对立而拒绝与对方协商,从而丧失了以和解解决争议的机会。(2) 在双方当事人的对话一时陷入困境而无法继续时,为当事人提供必要的援助,帮助当事人恢复对话。这时主审法官并不是通过施压而是以提出建议的方式帮助当事人恢复对话,对话一旦恢复,法官即可退出,而让双方当事人自主协商解决纠纷。(3) 在必要和可能时,提出和解方案,供当事人协商讨论。法官比当事人更了解法律和政策,因而经常能够提供好的方案,但是否能够形成合意,必须取决于当事人。(4) 在双方当事人达成协议后,予以笔录和认可。对于双方达成的协议,法官首先应当进行必要的审查,该审查主要是围绕合意的形成是否出于双方的自愿,而不必作合法性审查。如果是双方自愿达成的,予以笔录,承认其效力,该协议一经法院通过法定程序认可,即具有与确定判决同等的法律效力。

通过对祖国大陆法院调解制度与香港诉讼和解制度的比较,笔者认为二者在形式上虽有许多共同之处,但在合意的彻底程度方面却有着显著差别,这与诉讼结构、诉讼观念、诉讼原则以及当事人的主体地位等问题密切相关。鉴于合意解决纠纷的诉讼机制有其独特的、判决所不具有的功能,祖国大陆完全有必要建立以当事人合意为内在机制和品格的纠纷解决制度。这一制度建立的前提是,首先,必须认真贯彻处分原则,强化当事人的诉讼主体地位,这一问题的解决应置于民事审判方式改革的宏观背景中,与整个诉讼结构的调整同步进行,与其他诉讼制度的改革同步进行。其次，必须充分尊重当事人的合意，使这种诉讼中的合意完全取决于双方当事人，同时又对当事人本身以及整个诉讼程序产生法律上的约束力，而法官在其中的能动作用应围绕着为双方的合意提供条件、机会和必要的保障进行，无论法官的能动作用如何，对合意的形成，他只有建议权，没有决定权。

祖国大陆的法院调解制度在超职权主义诉讼结构的框架内运行了几十年，其弊端已充分显示并已特定化，因此建立民主、公正、高效的合意解决纠纷机制，不宜再使用“法院调解”的名称，使用“诉讼和解”无疑是一种合理的选择。不过，作为合意解决纠纷机制的诉讼和解与现行《民事诉讼法》第51条所规定的作为当事人诉讼权利的和解是两个完全不同的概念，不可同日而语。因此在祖国大陆，诉讼和解制度是建立而不是完善的问题。

二、和谐社会视野中的诉讼调解

自2004年党中央在十六届四中全会决议中第一次提出“构建社会主义和谐社会”，尤其是2006年党的十六届六中全会公布《关于构建社会主义和谐社会若干重大问题的决议》以来，“和谐社会”已成为中国政治生活中出现频率最高的“关键词”。构建和谐社会这一社会发展目标，得到了社会各界的广泛认同，各部门结合自己的工作实际积极承担起这一历史责任。法院作为审判机关，在贯彻中央部署、解决社会矛盾、保护合法权益、维护良好秩序等方面具有独到的作用，是构建和谐社会的一支重要力量。

在法院的民事审判工作中，与“和谐”关系最为密切的制度当数诉讼调解制度。为充分发挥调解在纠纷解决过程中以及在矛盾化解后的和谐化功能，如前文所述，不仅最高人民法院颁布了关于法院调解工作的新的司法解释，而且在法院系统内部鼓励调解的政策导向明显，以调解的成功率来考评法院及法官工作实绩已成普遍现象，有的法院更是以奖金来刺激法官的调解积极性，似乎只有以调解结案才是和谐的。

无可否认，法院调解作为我国民事诉讼中的一项重要制度，确实与判决具有不同的功能，在和谐社会构建方面大有可为。它以当事人之间私权冲突为基础,以当事人一方的诉讼请求为依据,以司法审判权的介入和审查为特征,以当事人之间处分自己的权益为内容,具有平等对话、互谅互让、纠纷解决彻底、自动履行率高等好处。因此,充分发挥诉讼调解的制度功能是十分必要的。

但是,根据以往的经验和教训,结合我国现阶段法院在调解实践中存在的问题,笔者认为有必要提高警惕,防止三个方面的倾向:

第一,要防止强制及种种变异形式的强制调解之风卷土重来。在我国诉讼调解发展演变的过程中,因为过于追求调解率而发生过许多强制或变相强制调解的现象,为了抑制这种现象,在民事诉讼法制定和修改中,将调解的指导思想由"调解为主"改为"着重调解",之后又发展为"自愿合法调解",强制或变相强制调解的现象曾一度得到了扭转。关于调解的变异形式,前文已有述及,此处不予赘述。

当然,在诉讼调解中,法官的作用举足轻重,因为自愿还是强制并不取决于当事人。事实上,完全依当事人自愿达成调解协议的只是少数,多数的调解需要法官或浅或深的介入,只要尊重当事人的处分权,坚持和贯彻自愿原则,法官为促进调解协议的达成所做的说服、提示、建议、对当事人过分要求的批评以及提出调解方案供当事人参考等,都是正当的,也是必要的,有利于帮助当事人克服协商中遇到的障碍和打破僵局。在自愿的前提下,当事人一方或双方作出让步,不论其幅度有多大,也不论与判决的结果相差多远,都是正当的;相反,如果让步并非出于当事人的自愿,而是在法官强制或变相强制的情况下作出的,则调解的正当性立即就会发生问题。失去了自愿这个前提,调解不能勉强进行,法官必须依法判决。但是,如果法官将调解的成功率作为追求的目标,强制调解就在所难免。由于法官在调解中具有主导地位,拥有决定当事人命运的裁判权,法官可以使用各种隐蔽的方式对当事人施加压力。如今,审判实务中"以劝压调"、"以拖压调"、"以判压调"的做法又呈卷土重来之势,这是要特别引起重视并加以防范的。

第二,应警惕怠于使用判决、回避矛盾的做法被和谐的外衣所掩盖。判决和调解同为法院行使审判权解决民事争议的手段,不存在孰优孰劣之分。法院处理民事案件优先采用调解方法是可以的,但在当事人不愿意调解或调解不能达成协议时,应及时转入审判,依照事实、证据和法律作出判决。判决虽不像调解那样以当事人的协商和合意解决纠纷，但这并不意味着只要是判决就一定不如调解结案和谐。实践中，有的法官对矛盾棘手、证据不足、事实不易认定、牵涉面大、案外干预多、社会关注度高的案件往往不愿轻易下判，即使双方当事人都明确表示不愿调解仍拖着不判，试图回避矛盾。有一起群体诉讼案件，原告方(100 多位村民)诉被告承包合同无效，并扬言只要败诉就群体上访。法院明知合同有效，事实和证据也很清楚，但支持原告于法于理无据，不支持原告又担心其上访，不利于"和谐"，所以就迟迟不肯下判。结果反而产生了负面影响，群众反映"法院不讲法，谁闹谁有理"，此案现仍在调解中。如此片面理解和谐其实也是对调解制度的误读。"调解不成应及时判决"，这是调解制度的应有之意。况且，一份说理透彻和论证充分的判决书同样能够定纷止争、化解矛盾、实现和谐。相对于调解而言，判决更能够体现法律上的公平正义，通过充分的说理和论证，让当事人明白自己的法定权利义务是什么，什么是合法的、什么是违法的；什么是法律应当保护的、什么是法律应当制裁的，从而从根本上让当事人服判息讼，使当事人以及社会遵守并服从法律。构建和谐社会的确应充分发挥诉讼调解的独特作用，但也要防止走极端，一定不能忽视判决的作用。毕竟，和谐社会是"民主法制、公平正义"的社会。

第三，应警惕和谐被泛化。和谐被泛化的典型表现是将和谐形式化、表面化、绝对化。这种形而上学的思维方式把和谐与矛盾对立起来，害怕矛盾、回避矛盾，因此常常选择压制和控制矛盾的方法并致力于哪怕放弃原则也要调解结案。然而这种和谐是暂时的、脆弱的，是以牺牲当事人的合理利益为代价的，也是以牺牲调解制度的正当性基础为代价的。和谐应当是辩证的、科学的、相对的，应以"民主法治、公平正义、诚信友爱、充满活力、安定有序、人与自然和谐相处的社会"为基本内涵和特征。这种和谐观从法律上讲承认并关注人的权利、利益、机会的合理公正分配，承认并保障人们的物质利益，鼓励人们为物质利益而奋斗。法院在解决民事冲突的过程中，首先应承认并保障当事人的合法权益，尊重当事人的处分权，尤其在进行调解时，要注意权衡和调节当事人的各种利益关系，而不能一味地要求当事人发扬风格、妥协让步，更不能压抑当事人的权利主张，姑息违法者。

三、和谐社会视野中的仲裁调解

（一）我国现行法律对仲裁调解的规定

所谓仲裁调解，是指在仲裁程序启动后，根据当事人的请求，或者仲裁员征得当事人的同意，在仲裁庭的主持下，双方当事人平等协商解决纠纷的一种方式。这里的调解既是一种审理活动，属于仲裁程序的组成部分，又是一种结案方式，是区别于仲裁裁决的一种解决纠纷的最终手段。一般认为，仲裁调解具有以下典型特征：第一，它是一种复合式的纠纷解决方式；第二，仲裁庭的仲裁员就是主持调解的调解员；第三，它是一种揉合了仲裁和调解并使之兼容的方式。[①] 从本质上而言，仲裁调解仍属于调解，是调解在仲裁程序中的有效运用，也是"仲裁与调解相结合"的狭义表现形式。[②]

在仲裁中进行调解的做法肇始于中国国际经济贸易仲裁委员会20世纪50年代的实践，经过半个多世纪的发展，已经成为我国仲裁立法中比较稳定的制度。在此基础上，1995年9月1日起施行的《仲裁法》第51条、第52条对其进行了明确的规定。其中第51条规定："仲裁庭在作出裁决前，可以先行调解。当事人自愿调解的，仲裁庭应当调解。调解不成的 应当及时作出裁决。调解达成协议的，仲裁庭应当制作调解书或者根据协议的结果制作裁决书。调解书与裁决书具有同等法律效力。"第52条则明确了调解书的效力，规定："……调解书经双方当事人签收后，即发生法律效力。在调解书签收前当事人反悔的，仲裁庭应当及时作出裁决。"至此，《仲裁法》粗线条地勾勒出了我国仲裁调解的立法框架，使我国实践中产生的这一创造性做法在法律上得到确认。

其后，富有实践经验的仲裁机构在仲裁规则中对其进行了细化。最

---

① 参见乔欣主编：《比较商事仲裁》，法律出版社2004年版，第286页。

② 广义的"调解与仲裁相结合"包括以下六种形式：(1) 先调解后仲裁(Med-Arb)；(2) 影子调解(Shadow Mediation)；(3) 仲裁中调解 (Arb-Med)；(4) 调解失败每方当事人提供一个最后仲裁方案(Medaloa)；(5) 调解仲裁共存(Co-Med-Arb)；(6) 仲裁后调解(Med-Post-Arb)。参见王生长：《仲裁与调解相结合的理论和实务》，法律出版社2001年版，第78—79页。本书所言的仲裁调解仅限于上述第三种形式。

为典型的如中国国际经济贸易仲裁委员会在其2000年的第六套仲裁规则第45条至第50条对仲裁调解进行了较为细致的规定。从实践来看，中国国际经济贸易仲裁委员会的仲裁案件中，几乎有50%的案件经过仲裁调解程序，调解的成功率达40%—50%。①

（二）仲裁调解的功能和作用

仲裁调解是把调解融入仲裁程序中而形成的，既突出了仲裁的优势，又体现了调解的优点，从而强化了纠纷解决的功能。相对于仲裁裁决而言，仲裁调解具有以下重要功能：

1. 充分体现了当事人的程序选择权和程序参与权，突出了当事人的程序主体地位

“仲裁调解的核心功能在于赋予当事人以解决争议的主动权，使各方都保持着控制争端解决进程的权利，体现了自治原则。”②在仲裁调解中，当事人之间的仲裁协议可以在争议发生前达成，也可以在争议发生后协商达成；可以在仲裁程序开始前达成，也可以在仲裁程序开始后达成。同时，在仲裁调解中，当事人还可以根据自愿原则，通过协商一致合意授权仲裁庭，使其对本无仲裁权的争议案件行使仲裁管辖权。由此可见，仲裁调解充分体现了当事人的程序选择权和程序参与权，进而使得当事人拥有了程序上的“话语权”，使其主体地位和意思自治得到了充分的尊重。

在仲裁调解活动中，双方当事人不仅参加案件的审理，而且参与纠纷的解决。除个别事实清楚、责任分明、双方当事人争议不大的案件仲裁庭同意由双方当事人自行协商达成调解协议并经仲裁庭认可后结案的以外，对于一般的案件，则是在仲裁庭的主持下，组织双方当事人平等协商，互谅互让，共同寻求解决纠纷的最佳方案，取得双方均满意、至少是双方都能接受的结果，从而使得当事人的意思自治在仲裁中的作用得以凸显，因而更能充分体现现代仲裁的理念。

---

① 参见唐厚志：《中国的调解》，载《中国对外贸易》2001年第6期。

② 岳力：《论仲裁中调解的功能》，载《北京仲裁》第65辑，中国法制出版社2008年版。

2. 有利于减少当事人之间的隔阂,促进纠纷的彻底解决,并维系当事人之间的友好合作关系

究其根源,仲裁调解根植于我国浓厚的调解文化所沉淀的沃土,并以儒家思想中的"和为贵"等理念作为哲学基础,是我国传统儒家思想与现代经济发展需求激情碰撞的结晶。实践证明,仲裁调解所依据的不仅是法律,更包括情理,这样就可以排除"法律万能主义"、"一断于法"的法律极端主义。与仲裁裁决相比,调解贯彻了"和为贵"的理念,弥补了仲裁裁决因其"刚性"而使当事人双方走向对立的缺陷和不足,不仅有利于加强当事人对争议解决结果的认同感,还有利于维系当事人之间的友好关系,进而使得当事人之间的继续合作乃至加深合作关系成为可能,因而更加符合我国当前建设和谐社会的客观要求。

在仲裁调解中,当事人由将纠纷的裁决权授予仲裁庭,被动地接受裁决结果转变为主动参与纠纷解决方案的磋商与研究,通过了解案件全局和换位思考,明确各自应承担的责任,能够提出较切合实际的解决纠纷的方案,从而有利于纠纷的圆满和彻底解决。事实也证明,凡通过调解结案的仲裁案件,当事人双方大都能够自觉、主动地履行,久拖未果或者申请法院强制执行或不予执行的情况极少。

3. 可以在一定程度上克服仲裁在管辖权方面的缺陷和不足

根据我国《仲裁法》的规定,双方当事人之间业已存在的有效的仲裁协议是仲裁机构取得对争议案件管辖权的唯一依据。这也就意味着,如果没有仲裁协议,仲裁机构就不能取得对该争议案件的仲裁管辖权。但是,在仲裁调解的实践中,有些申请仲裁的当事人彼此之间存在着长期的经济、贸易合作关系,在长期的商事合作过程中不可避免地"积累"了一些争议和纠纷,而这些争议、纠纷不可能统归于提请仲裁的某一项合同中,而是分散于不同时期的不同合同之中。基于种种原因,对于上述争议和纠纷,双方当事人在争议发生前没有依法达成仲裁协议,并且在争议发生后也没有采取补救措施达成补充协议,但双方当事人又希望把这些多年"积累"的争议和纠纷连同当前的争议"一揽子"解决。对此情形,如果依据我国《仲裁法》的规定,仲裁机构不可能取得对上述"陈年旧账"的管辖权。但是,相比之下,如果双方当事人在自愿协商一致的前提下,在仲裁中提请仲裁庭一并解决,仲裁调解无疑是最好的办法。原因在于,仲裁

调解不仅可以解决双方当事人的“陈年旧账”，而且能够通过仲裁调解使双方当事人达成和解协议或调解协议，并在此基础上请求仲裁庭制作裁决书。实际上，在一定意义上，仲裁庭制作裁决书的行为可以视为其同意对以前的争议具有仲裁管辖权。

因此可见，以仲裁调解方式解决争议，可以弥补仲裁制度在管辖权方面的缺陷和不足，对于全面解决双方当事人之间的争议和纠纷具有独到的作用。

4. 能够低成本解决当事人之间的争议，体现纠纷解决的效率价值

“效率原则对于仲裁制度发展的重要性是显而易见的，如果除掉了效率的价值目标，至少从程序上讲，仲裁制度并不比诉讼制度存在多大优越性。”[①]对于仲裁调解制度而言，则更能发挥意思自治的特点和优点，更好地体现纠纷解决的效率价值。由于仲裁调解是在双方当事人平等自愿的基础上，在仲裁庭的主持下，通过友好协商、达成协议的方式解决争议，因而，调解的过程实质上是当事人意志更新和再确认的过程，也是当事人对仲裁调解程序认知认同能力显著提高的过程。[②] 据此，仲裁调解可以不受仲裁程序的严格制约，只要双方当事人在仲裁庭的主持下愿意调解并达成调解协议，调解即为成功。这是因为，双方当事人对调解结果以及据此作出的调解书的接受力显著增强，同时也意味着，当事人对调解结果的挑战和反抗的几率就相应显著降低，因此，导致恢复仲裁程序或者继续仲裁的成本因素就大大减少。

此外，通过仲裁调解方式解决争议，可以不进入裁决程序而直接在仲裁过程中进行调解，这就省却了很多相关程序和事项。例如，在仲裁中进行调解，仲裁员和仲裁机构通常不收取额外的调解登记及管理费用，当事人也不需缴纳在单独的调解程序中必须缴纳的“调解费”等。更为重要的是，如果调解成功，此后的仲裁程序就不必继续进行，仲裁庭可以根据调解协议的内容作出结案裁决，这就大大节省了仲裁费、律师费、材料文件制作费、进一步取证费等种种不可预见的额外费用。另外，由于调解协议的内容是双方当事人经过协商、自愿确定的结果，它充分反映了双方当事人的

① 肖永平、胡永庆：《加入 WTO 与我国仲裁法律制度改革》，载《中国法学》2001 年第 2 期。
② 参见王生长：《仲裁与调解相结合的理论与实务》，法律出版社 2001 年版，第 97 页。

合意和利益，因此，对于调解达成的仲裁裁判文书，当事人更乐于自动履行，这样一来，就能够节省执行程序中的相关费用，有时甚至能够化解对方当事人拖延执行、拒不执行以及意外障碍导致仲裁调解书无法执行的风险。很显然，这实现了当事人双方解决争议成本的最小化。

当然，如果在仲裁中调解失败，由此产生无效劳动、增加解决争议成本也是不可避免的，但这种不利益相对于调解成功所带来的巨大利益，可以说是微不足道的。因此，从总体上而言，仲裁调解能够以较低的成本解决当事人之间的争议，为当事人节约大量的金钱成本和时间以及精力成本，从而较好地体现了纠纷解决的效率价值。

如上所述，仲裁调解的功能和作用是毋庸置疑的。尽管如此，自其产生之日起，理论和实务界不少学者也提出了仲裁调解有可能带来的种种弊端，主要包括：它侵害了正当程序原理（如仲裁员和调解员由一人担任而使其获得的信息非经正当程序等）以及混淆了仲裁员和调解员的职能；对仲裁程序和调解程序失去控制等。这些反对意见虽然在一定程度上具有合理性，但应当看到，当代纠纷解决的实践完全可以有效地避免上述弊端的出现。事实上，越来越多的国内外调查统计表明，无论是在大陆法系国家还是在英美法系国家，仲裁调解制度已被许多国家以法律的形式予以确认。因此，“阻碍仲裁与调解相结合的坚冰正在消融，这是国际商事仲裁发展的一个新动向”①。

（三）我国仲裁调解存在的主要问题

1. 规则层面存在的问题

虽然仲裁调解在实践中已经运行了几十年，但从规则层面来看，我国现行《仲裁法》仅用两个条文（第51条、第52条）来规定仲裁调解，立法的疏漏无法满足仲裁调解实践的需要，也无法充分实现仲裁调解制度的应然价值目标。

概括而言，从规则层面来看，我国现行《仲裁法》对仲裁调解的规定还存在以下需要进一步解决的问题：

（1）从仲裁调解的时间来看，现行的仲裁调解程序只能是在选定或

---

① 王生长：《仲裁与调解相结合的理论与实务》，法律出版社2001年版，第140页。

指定仲裁员之后进行，而且仲裁员往往是在开庭时才能真正了解案情，调解未能贯彻仲裁程序的始终。这样就会导致某些本可以在开庭前就直接进入调解程序的案件，必须先兜个圈才能得到解决，结果不仅无法体现仲裁快捷的效率优势，也使双方当事人及仲裁机构的资源没有得到最好的利用。

（2）从仲裁调解的方式来看，由于现行法并未对调解采取何种方式进行明确规定，因此造成实践中调解方式的不统一和不规范。在实践中，调解多采用“背对背”的方式进行，即仲裁庭与双方当事人各自协商，在二者之间传递信息、穿针引线，采取各种措施使双方达成一致意见。由于达成的协议是在双方都不知道对方真实意思的情况下形成的，有“暗箱操作”之嫌，容易使当事人怀疑仲裁庭办事不公，进而影响案件的法律和社会效果。

（3）从仲裁调解的具体程序来看，我国现行《仲裁法》并没有对仲裁调解的具体程序予以明确规定。以第 51 条为例，根据该条的规定，当事人自愿调解的，仲裁庭应当进行调解。调解不成的，应及时裁决。但是，对于到底什么情况属于“当事人自愿调解”、什么情况属于“调解不成”、仲裁庭又可以在何种情况下启动和终止仲裁调解程序等问题，现行法均没有作出相应的规定，由此带来实践操作中的无法可依和不规范甚至混乱状态的出现。

2. 实践层面存在的问题

考察近年来的仲裁调解实践，不难发现，在仲裁调解中存在着目的与手段的背离，这种背离表现为实践中的非自愿调解和强制性调解。

“调解解决的正当性并非来源于解决方案严格基于法律而形成，而是来源于当事人双方对解决方案的认同。”[①]只有在双方当事人自愿的基础上达成的调解协议，才是意思自治和处分原则的真实体现，才能将调解制度的优势发挥出来，才能实现真正的和谐。从理论上讲，在调解过程中，仲裁员的身份应该是调解者，是调解程序的主持者，但在事实上，仲裁员由于同时兼具裁判者的身份，这种身份特征使其具有了潜在的强制力。仲裁员所具有的强制力对于当事人是否愿意调解以及达成什么样的调解

---

① 李浩：《民事审判中的调审分离》，载《法学研究》1994 年第 4 期。

协议也存在着潜在影响,而且这种影响往往通过比较隐蔽的方式表现出来,如反复劝说当事人接受调解并做出让步达成调解协议;暗示当事人如果不接受调解裁决结果将对其不利;如此等等。以上行为均有可能使当事人违背真意接受调解从而造成事实上的非自愿调解。

在当前,国内仲裁机构普遍重视仲裁调解工作,甚至把仲裁调解成功率作为考核仲裁工作和仲裁案件质量的一项标准。由于对调解率的过分追求,由此导致实践中以诱促调、以劝压调,以裁逼调,强行寻求调解等现象的出现,这样一来,调解就不再是手段,而变成了追逐的目标。以往的经验表明,一旦调解结案率成为追逐的目标,调解制度的弊端便会暴露无疑。

(四)我国仲裁调解的进一步完善

1. 规则层面的完善

立法规定的过于简单和粗陋已经无法满足仲裁调解实践的需求,并带来了种种弊端,因此,对我国仲裁立法进行完善,对仲裁调解的适用范围、具体程序、方式等作出明确规定是非常必要的。笔者认为,在对我国仲裁立法进行修改时,应从以下方面对仲裁调解制度进行完善:

(1) 扩大仲裁调解适用的时间范围

从仲裁调解适用的时间来看,现行的仲裁调解程序只能是在选定或指定仲裁员之后进行,调解未能贯彻仲裁程序的始终。笔者认为,应适当扩大仲裁调解适用的时间范围,在此,可以借鉴最高人民法院于2004年8月18日公布的《关于人民法院民事调解工作若干问题的规定》的相关内容:从原则上讲,仲裁调解应当在选定或指定仲裁员之后进行,作为例外,在征得各方当事人同意后,可以在选定或指定仲裁员之前进行调解。这样规定既体现了对当事人意思自治及处分权的尊重,又能够避免那些本可以在开庭前就直接进入调解程序的案件必须先兜个圈才能得到解决,从而体现仲裁快捷的效率优势,实现仲裁的效率价值。

(2) 明确规定仲裁调解的具体方式

关于仲裁调解的具体方式,可以规定“面对面”和“背对背”两种不同的调解方式,且以前者为原则,后者为例外,即调解时当事人各方应当时同时在场,根据需要也可以对当事人分别作调解工作。“背对背”调解方式的确立，目的在于避免特殊情形下因双方当事人都在场的“面对面”调解所带来的“唐突”和“不便”，即以一种较为“委婉”的方式来促进调解协议的达成。[①] 就此而言，这种调解方式充分体现了仲裁调解的灵活性。但应当注意，为了真正体现与落实当事人自愿原则，在进行“背对背”调解时，仲裁员一定要将各方当事人的真实意愿和主张完全“不失真”地传递给对方，千万不能为了达到调解目的而不择手段地“连哄带骗”。总之，不论是“面对面”的调解还是“背对背”的调解，都应合法、诚信地进行。

(3) 规定仲裁调解的具体程序

在仲裁调解程序问题上，应注意从以下几个方面进行规定：

仲裁调解的开始：仲裁调解一般应依当事人申请而开始(即以当事人申请开始为原则)。例外情况下，仲裁员也可以在征得各方当事人同意后，依职权主动进行。如果各方当事人有调解的意愿，则可以采取递交申请调解的书面材料，或由仲裁庭记录在卷，或在仲裁机构提供的格式化的调解申请书上签字，以此来规范仲裁调解程序的启动。

仲裁调解不公开进行，当事人协议公开的，可以公开进行，但涉及国家秘密的除外。

仲裁调解方案的提出：仲裁调解方案原则上应由当事人自行提出，仲裁庭在取得当事人的同意后，可以提出调解方案，也可以帮助当事人起草调解协议，但不得强制当事人接受。

仲裁调解的效力：经仲裁调解达成调解协议的，当事人要求制作仲裁调解书的，仲裁庭应当予以制作。仲裁调解书与仲裁裁决书具有同等的法律效力，当事人必须履行。一方拒绝履行的，另一方当事人可以依据发生法律效力的调解书向人民法院申请强制执行。

(4) 严格限定仲裁调解的期限

在法律上应当明确规定仲裁调解的起止期限，并且规定，若在规定期限内不能达成调解协议的，不再进行调解，而由仲裁员根据案件情况及时裁决。仲裁调解的期限不宜过长，而且应由双方约定调解期限，并由双方

① 参见赵钢、王杏飞：《我国法院调解制度的新发展——对〈关于人民法院民事调解工作若干问题的规定〉的初步解读》，载《法学评论》2005年第6期。

当事人决定是否延长或中止。①

2. 实践层面的完善

(1) 坚持依法调解、公正调解原则

当事人之所以申请仲裁,并愿意以调解的方式解决纠纷,主要是源于仲裁机构以及仲裁员是专门机构和专业人员,当事人相信由其处理争议能够更加公正,仲裁庭制作的调解书能够达到与裁决相同的结果,所以仲裁员在调解时应当依照法律规范进行。虽然调解协议可能是当事人妥协让步的结果,但这种妥协让步是当事人自我处理权利的行为,体现了当事人自己的意愿,因此,仲裁员引导双方当事人达成协议的准则应是向当事人提出引导性意见,并尽可能缩小与仲裁裁决结果之间的差异。

公正是仲裁制度的价值所在,也是仲裁制度得以生存和发展的基础仲裁调解中的公正主要表现在两个方面:第一,调解程序的公正。当调解程序启动后,仲裁庭实质上已成为调解庭,仲裁员已成为调解员。仲裁员无论是何方当事人所选择,都不应该代表任何一方当事人的利益。在调解过程中,仲裁庭应当平等地对待双方当事人,保障各方当事人行使法律允许的正当权利,并为双方当事人提供对等的机会和手段,不偏袒任何一方当事人。作为调解,程序公正尤为重要。只有程序公正,才能创造和谐的调解氛围,才有利于形成互谅互让的局面,才有可能形成双方当事人都能接受的解决纠纷的协议。第二,实体公正。仲裁调解协议的内容要公平合理,满足各方当事人的不同要求。作为由仲裁庭主持的调解,其公正性还意味着协议的内容不得违背法律的规定,不得损害社会公共利益和第三人的利益。

(2) 尊重并保障当事人的意思自治,贯彻自愿原则

当事人意思自治是仲裁制度生命力的源泉,也是仲裁调解的基础在仲裁审理过程中,是否采用调解方式要完全建立在双方当事人意思自治和协商一致的基础之上,并贯彻和坚持自愿原则。

仲裁调解中的自愿原则体现为如下几个方面:第一,是否进行调解要充分尊重双方当事人的自愿。即使仲裁庭依职权主动提出的调解,也必

① 参见林义全、施润:《论"和谐"在仲裁调解中的价值作用》,载《西南民族大学学报》2004年第1期。

须征得双方当事人的同意。在调解过程中,只要有一方当事人明确表示不愿意继续进行调解,就应当立即终止调解。也就是说,调解不是仲裁的必经程序,调解不成的,仲裁庭应立即恢复仲裁程序,继续审理。第二,调解过程要充分尊重双方当事人的自愿。调解协议的内容要经双方当事人充分酝酿和磋商,各方所作出的妥协或让步应由各方主动提出,至少应经其同意。第三,调解协议内容的形成也应贯彻双方当事人的自愿,不能强制任何一方当事人接受其不愿接受的内容。总之,在仲裁中,应当倡导调解,但不能片面追求调解,调解只是手段而非最终追求的目标,更不能强制当事人接受调解。离开当事人的自愿,仲裁调解就会失去其本身的价值所在。

仲裁调解活动是建立在双方当事人自愿的基础之上,仲裁庭切不可违背当事人的意愿强行进行调解,但这并不意味着仲裁庭在调解活动中是被动的、消极的、无能为力的。按照《仲裁法》的规定,主持调解活动是仲裁庭的一项法定职权行为。仲裁员是由双方当事人选定或委托仲裁委员会主任指定的,在双方当事人心目中有较高的威望,值得信赖。仲裁庭完全可以依法定职权,依其所处的地位积极主动地开展工作,促进双方当事人通过调解方式解决纠纷。仲裁庭在调解活动中应起到组织、引导和裁判的作用,具体表现在:第一,在裁决前,仲裁庭应向双方当事人提出调解的建议,并征得双方当事人的同意。有的当事人对仲裁调解缺乏了解和认识,仲裁庭应向他们讲清调解的原则与要求、程序、方法及优势等,争取得到当事人的认同。第二,仲裁庭可以首先提出调解方案,作为双方当事人协议的基础,也可由双方当事人各自提出调解方案,仲裁庭分析各个方案的利弊,引导双方当事人协商并达成一致。第三,仲裁庭应根据案件认定的事实和双方各自承担的责任,引导双方当事人互谅互让,达成妥协,寻求最佳的解决方案。第四,仲裁庭应审查认定调解协议有无违背法律、法规的规定或社会公共利益及他人合法权益的条款,对协议内容进行规范和文字上的修改。第五,仲裁庭应组织双方当事人在调解协议上签字。由此,可以看出,仲裁庭在调解活动中应起到主导和核心的作用,在充分尊重当事人自愿的基础上,充分发挥仲裁庭的主观能动性,这对调解是否成功至关重要。

3. 坚持迅速及时原则

与诉讼相比,迅速及时是仲裁的优点之一,也是当事人愿意选择仲裁方式解决纠纷的重要因素之一。因此,运用调解方式解决纠纷应当有利于迅速处理争议,而不应过分拖延时间。如果调解不成,应适时转到仲裁程序,及时作出裁决。

仲裁委员会和仲裁员对于是否迅速及时处理纠纷应居主导地位,要迅速及时安排开庭并做好各项准备工作,要尽可能避免第二次开庭。即使不得不第二次开庭,也要尽可能在最短的时间内开庭。在开庭过程中,当出现调解可能时,应征得当事人的同意及时进行调解;一旦调解无望达成协议而当事人又不提出放弃调解,仲裁员应及时征得当事人的同意,恢复仲裁程序并及时做出裁决。

4. 坚持庭上调解和庭外和解相结合

我国《仲裁法》第 49 条、第 51 条分别对调解与和解做了规定。在仲裁庭进行调解的过程中,双方当事人在仲裁庭之外达成和解的,应当视为是在仲裁庭调解下达成的和解。经仲裁庭调解达成和解的,双方当事人应当签订书面和解协议;仲裁庭应当根据当事人书面和解协议的内容制作调解书或者裁决书。事实上,仲裁案件的调解与和解并无严格的区别,只要双方当事人同意,无论在庭上所为,还是在庭外协调,均可产生预期的法律后果。[①] 无论是制作调解书,还是签发裁决书,均应具有同等的法律效力。

---

① 参见高洪宾:《调解是仲裁题中之义》,载《人民法院报》2005 年 8 月 17 日。

第三章
农村土地纠纷解决的中国语境

一、农村土地纠纷及其解决机制

（一）引言

本章的研究背景，主要有两个方面：首先，“三农”的核心是农民问题，农民的核心问题是权益问题，而农民最大的权益就是土地权益。中国作为一个农业大国、农民大国，农民的土地权利如果不能得到有效救济，不仅不能保障广大农民的切身利益，而且对社会稳定所产生的影响也是不容忽视的。事实上，近几年来，农村土地纠纷日益增多且其类型也日趋复杂，农民合法权益受到侵犯而引发的冲突、械斗、上访、围攻政府及有关部门的事件也明显增多，导致农村成为当今社会矛盾和冲突最为集中的地方。这不仅直接影响农民土地权益的保障，而且影响农村社会的稳定和发展。反思我国现阶段的纠纷解决机制，明显存在针对性不强、解决纠纷效果不理想的问题。这一方面是因为，理论及立法对农村土地纠纷的关注不够，对农村土地纠纷的特点认识不足，因而不能提供相应的对策；另一方面，我国的各种纠纷解决机制尚有待完善，相互间也未能形成互补与互动，成为一个有机的整体。根据有关权威部门发布的信息，近来农村土地纠纷呈上升趋势，农民合法权益受到侵犯而引发的上访、基层组织的调解和诉讼也明显增多。中国社会科学院于建嵘教授领导的课题组分析了中央某媒体自 2003 年以来的 2 万封观众来信，在已分类处理的 4300 封来信中，有 1325 封涉及农村土地争议，占已处理来信的 30.8%。课题组还对 720 名进京上访的农民进行了专项问卷调查，在有效的 632 份问卷中,进京上访原因涉及土地问题的有463份,占有效问卷的73.2%。①无论从社会稳定还是从农民权益的保障方面讲,农村土地纠纷的解决都是很值得关注的。其次,农村土地纠纷是社会纠纷的一部分,既具有一般社会纠纷的共性,更具有其自身的特殊性,而现有的纠纷解决机制显然对其特殊性的关照不足,因此有必要从理论上进行针对性研究。正是基于这些,本章拟从分析农村土地纠纷的特点入手,探讨多元化纠纷解决机制的建立。

本章的研究依据,除现有的法律及制度,主要是两套田野调查数据及资料:一是中南财经政法大学"中国农村土地问题立法研究"课题组于2007年5月至8月对四川、贵州、河南、山东、广东、江苏、山西、黑龙江、湖北、湖南共10个省30个县市的60个乡镇的180个村庄进行调查所获得的资料;二是笔者以"聚焦乡村人民调解"为题,组织本科生课题小组赴广西农村调查的资料。这些来自田间地头的信息,显示了现有的纠纷解决机制与农民权益保障需求之间的巨大差距。以此为据,反思和探讨各种纠纷解决方式处理农村土地纠纷的功能,寻求如何缩短二者之间距离的对策,应当会对农村土地纠纷的解决有积极作用。

本章的研究方法,首先以现有的理论与制度资源为基础,对各种土地纠纷及解决方法的特点进行梳理,以宏观分析为主;同时以田野调查的资料为依据,对各种纠纷解决方法用于解决农村土地纠纷的优点和局限进行比较,以微观分析为主。本章强调纠纷解决机制用于解决土地纠纷的针对性和有效性,但并未对每一类土地纠纷和每一种纠纷解决制度作深入分析。对不同类型的土地纠纷、不同特点的纠纷解决机制作深入细致的专项研究,将是一个长期的研究课题,本章正是继续这一研究的起点和基础。

(二)当前农村土地纠纷:主要类型与特点

1. 当前农村土地纠纷的主要类型

当前,从农村土地纠纷的发生数量和频率看,主要有下列类型:

---

① 参见于建嵘:《农民维权抗争集中土地纠纷,土地成农村主要问题》,载《瞭望东方周刊》2004年9月6日。

第一,因法律和政策的变化引起的纠纷。

例如,20 世纪 80 年代中期,我国很多地区根据国家政策实行的是“两田制”,即“责任田和口粮田”区分承包制度,而新的《农村土地承包法》规定实行的是“家庭联产承包”,即土地以农户为单位进行承包,土地承包规定 30 年不变,其目的在于维护农村的稳定。这一规定的实施,一方面引起了村民要求及时收回责任田并按照家庭联产方式重新分配而原来的承包合同又没有到期的问题(这一问题曾在前一个时期引起不少纠纷,尤其是原承包土地条件较好的农户不愿意解除原合同)。另一方面又产生了新的问题:农村以户为单位进行承包经营,30 年不变,假设土地承包经营后第二年又增添了人口,按照《农村土地承包法》“增人不增地、减人不减地”的总原则①,新生儿、嫁入本村的妇女等将得不到土地(虽然该法规定可用机动地调整给新增人口,但在调查中发现村委会留机动地的很少)。《农村土地承包法》第 5 条规定:“农村集体经济组织成员有权依法承包由本集体经济组织发包的农村土地。”为了依法享有和行使承包土地的权利,这些新的农户就可能会要求行使承包权,从而引发纠纷。又如,没有赶上首轮或二轮承包期而失去承包机会的农民,根据国家现有“农村常住人口人人享有土地承包权”的政策规定,要求乡村重新调整土地,以获得土地的承包权,而已拥有承包地的农民,因担心重新调整土地,会使他现有的利益受到损失,则根据国家农村土地承包 30 年不变的政策,反对重新调整土地。根据中南财经政法大学“中国农村土地问题立法研究”课题组的抽样调查,当被问及“在承包期内,您认为承包地(田)经过什么样的程序可以调整?”时,四川有 3.98% 的人不同意调整,贵州有 7.18% 的人不同意调整,河南有 2.25% 的人不同意调整,山东有 3.37% 的人不同意调整,广东有 0.55% 的人不同意调整,江苏有 1.11% 的人不同意调整,山西有 23.89% 的人不同意调整,黑龙江有 10.50% 的人不同意调整,湖北有 11.05% 的人不同意调整,湖南有 12.57% 的人不同意调整。综合起来,全国有约 7.67% 的人不同意调整。根据这些数据,虽然

① 大部分农民认为,增人应当增地。从湖北省的监利、浠水、汉川、云梦抽取的调查及统计情况看,分别有 69.03%、94.74%、77.69%、76% 的农民认为,土地承包政策应当满足新增人口的需要。

不同意调整人数的比例不高,但其存在就是引发矛盾的原因。

第二,因土地承包引发的纠纷。

常见的有四种:(1) 土地发包中发生的纠纷。《农村土地承包法》第二章第二节对土地承包的原则和程序作出了明确规定,但在实践中这些合同大多为村民委员会或者村民小组与承包户签订,不符合"经本集体经济组织成员的村民会议 2/3 以上成员或者 2/3 以上的村民代表的同意"的规定。在有的地方,村干部利用手中权力,不经过民主议定原则私自发包,有的甚至以明显的低价格发包。该种情况下村民本来就有意见,一旦出现土地价格上涨或土地收益提高,就容易引发群体性矛盾和纠纷。还有的因层层转包甚至一地多包,从中渔利而引发纠纷。(2) 承包合同履行中发生的纠纷。突出表现在:违法收回已经发包给农户的承包地;强行收回外出务工农民、进入小城镇落户农民及出嫁女等的承包地;在承包期内用行政命令的办法硬性规定在全村范围内几年重新调整一次承包地,借颁发农村土地承包经营权证书之机重新承包土地;利用职权变更、解除土地承包合同;借调整之机随意提高承包费;强制收回农民承包地搞土地流转;乡(镇)政府或村级组织出面租赁农户的承包地再进行转租或发包;假借少数服从多数强迫承包方放弃或者变更土地承包经营权而进行土地承包经营权流转等。(3) 有关承包合同效力的纠纷。涉及承包合同是否合法、有效的问题以及无效合同的处理问题。(4) 农民私下转租土地引发的纠纷。据调查,农民私下转租土地数量不小,而且多半采取口头约定,容易发生纠纷。其中转租土地的四川有 16.48%,贵州有 22.65%,河南有 15.17%,山东有 19.10%,广东为 0,江苏有 41.67%,山西有 17.78%,黑龙江有 29.28%,湖北有 23.20%,湖南有 44.26%。综合起来,全国有 23.01%。采取口头形式转租的比例为,四川有 72.73%,贵州有 72.37%,河南有 85.00%,山东有 60.87%,广东为 39.02%,江苏有 39.88%,山西有 82.61%,黑龙江有 30.68%,湖北有 89.24%,湖南有 91.36%。综合起来,全国有 65.92% 的人认为转包他人应采取口头形式,这对于纠纷的处理带来了困难。

第三,因土地征收补偿引发的纠纷。

根据我国《宪法》的规定,出于公共利益和公用事业的需要,在依法补偿的前提下可以征地。这一规定虽界定了征地与侵权的分界线,但由于相关部门法未作出具体规定，实践中公益性征地与商业性征地也没有区分，一些地方政府以"土地利益总体规划"为由征地，以获取土地增殖收益；一些工商企业在政府的支持下，为获取巨额利润进行商业性开发征地，因补偿不到位或补偿过低，侵犯农民的土地权益。实践中甚至发生过不择手段逼迫农民放弃耕地的事件。① 因土地征收补偿引发的纠纷比较复杂，既包括征收人与集体经济组织关于土地补偿费、安置补偿费的纠纷，又包括征收人与土地所有人或使用人关于地上附着物补偿费、青苗补偿费的纠纷，同时还包括集体经济组织与其成员之间补偿费二次分配引起的纠纷。

第四，因土地所有权界限不明确引发的纠纷。

因为历史原因，有些土地确权不明确，没有核准颁发土地使用证书，一些离村较远的荒地，逐渐被离土地比较近的农户开发种植。开发初期没有人提出异议，后来经开发土地状况变好或种植的农产品价格上涨，开发者获得了较大利益，因此村集体及有的村民提出要收回土地，而开发者又不愿意将自己的劳动成果交出。如前两年部分地区棉花等农作物价格提高，土地收益明显增加，一些村民在经济利益的驱使下，哄抢土地种植物，从而引发纠纷。

2. 当前农村土地纠纷的特点

当前农村土地纠纷具有下列特点：

第一，纠纷范围具有广泛性。

以往，农村土地纠纷多发生在农村社会内部，发生在农村土地制度框架内的经济生活中，如上述因土地承包合同履行中发生的纠纷、集体经济组织与其成员之间补偿费二次分配引起的纠纷、因开发荒地引发的纠纷等，这些纠纷反映了我国农村人口多而耕地资源稀少的深刻矛盾。现在，工业化、城市化的迅猛发展对土地的需求越来越大，不可再生的土地资源增殖效应变得更加突出，因而，农民与有关乡（镇）政府之间、农民与土地使用单位之间、农民与工商企业之间的矛盾和冲突使纠纷的范围更加广泛。

---

① 据新华网2005年8月12日报道，为让农民退出耕地，河北省怀来县库区速生苗木栽培有限公司竟雇飞机喷洒农药毁掉万亩丰收在望的玉米。

第二，纠纷主体具有多样性。

这是由纠纷范围的广泛性决定的。农村土地纠纷的主体包括作为集体经济组织的村委会、村民、有关的乡（镇）政府、土地征用的相关单位、单个农户、外村的村委会或村民；此外，近几年因外嫁女、嫁城女、丧偶、外出读书或打工等导致户籍变动引发的纠纷日益增多，使纠纷主体呈现多样化特征。在现实中，作为纠纷主体一方的农民，在村委会、乡（镇）政府及政府部门、工商企业面前，通常处于弱势，关系农民切身利益的土地发包、土地调整、征地拆迁等政策及方案的制定，农民的利益诉求很难反映进去，这是需要予以充分关注的。不过就数量而言，土地纠纷的主体主要表现为农户与农户之间。在发生纠纷的主体的调查中，被访农户中有62.05%表示纠纷发生在农户与农户之间；有26.28%表示纠纷发生在农户与村民委员会之间。而表示纠纷发生在农户与乡镇人民政府、开发商和县级以上人民政府之间的比例十分低，分别为3.11%、2.95%和0.62%。因此土地纠纷仍是主要存在于平等主体之间的一种民事纠纷。

第三，纠纷性质具有多元性。

农村土地纠纷比较复杂，大量纠纷以平等主体间权利义务冲突为主，属于民事法律关系性质，如合同、民事侵权；但涉及乡（镇）政府或其他政府部门侵犯农民土地承包权、政府部门作出错误的行政行为引发的纠纷，则属于行政法律关系性质；当土地纠纷诱发大规模群体性冲突、暴力，或涉及黑恶势力时，又可能需刑事法律进行调整。此外，村民自治问题、“富人村官”问题、“贿选”问题都与土地密切相关，并带有很强的政治色彩。

第四，纠纷规模具有群体性。

农村土地纠纷大多涉及人员多，群体性特征明显，不加以控制矛盾容易激化。实践中，乡（镇）政府侵犯农民承包经营权、村委会违背民意暗中向外发包土地、土地征用过程中强征强拆或补偿款不到位导致农民失地等，因涉及较多人的切身利益，一般为大多数村民所关心。由于纠纷规模的群体性，如果处理不好，既不利于保护农民的合法权益，也不利于社会的稳定。2004年8月，垦利县垦利镇民丰村近200户村民联名起诉该村第五生产小组，要求确认该小组与他人所签订的土地承包合同无效。在案件审理过程中，这200户村民多次到垦利镇人民政府和垦利县人民政府上访，要求政府支持。农民们情绪激动，并一度造成难以控制的局面。

第五,纠纷致因具有复杂性。

近年来,农村土地纠纷之所以呈迅猛上升之势,有着深刻的社会及历史背景。首先,社会经济的发展,土地效益的大幅提升,是土地纠纷增多的直接原因。土地作为最为稀缺且不可再生的资源,土地稀缺与人口膨胀、城市化与工业化对土地需求的快速增长的矛盾越来越突出。其次,当今农民对土地的依赖依然很强,社会保障体系也仍未将农民容纳进去,因此,一旦丧失土地或土地权益受到侵害,他们将失去仅有的生活资料,其基本生存都将成为一个严峻的问题。最后,近几年我国对农业和农民问题重视度达到了历史上从未有过的水平,对农业发展的支持也是空前的。2004 年中央一号文件,着重于让农民减负增收;2005 年中央一号文则立足于使农业强身健体。中央对"三农"问题的高度重视,增进了农民依法维权的意识,当遇到纠纷或者权益受到侵害时,他们不再姑息、避让,而是大胆地用法律来维护自己的合法权益。相对而言,有些农村集体组织的一些领导成员,则未能顺应时代潮流,大多用老经验、老办法来解决各类矛盾,不能学法用法,用法律规范自己的行为,这也是导致土地纠纷发生的原因。

(三)农村土地纠纷解决机制:构成与运用

在我国现行的法律框架内,可适用于农村土地纠纷的解决机制主要由和解、人民调解、行政裁决与复议以及诉讼构成。《土地管理法》确定了解决土地权属纠纷的三种方式:协商、行政裁决、诉讼,这也是实践中最常用的三种方式。农村土地纠纷的法律性质是多元的,可能涉及宪法争议、民事争议、行政争议,解决的具体方式可以是非讼的,也可以是诉讼方式。以下分别对其在解决土地纠纷中的运行情况作一分析与对比。

1. 和解(协商)

和解是依纠纷主体自身的力量,在平等和自愿的基础上,通过协商解决纠纷的方式。和解通常无须第三方的介入,无须严格遵守实体法规范和程序规范,和解协议也没有强制力,这是一种最为和平的纠纷解决方式。据课题组的调查统计,四川有 6.76%,贵州有 37.50%,河南有 25.00%,山东有 4.44%,广东为 52.24%,江苏为 38.30%,山西有

13.21%,黑龙江有2.63%,湖北有23.94%,湖南有6.58%。综合起来全国有19.13%的土地纠纷是以和解的方式解决的。

和解完全依照纠纷主体自身的力量解决,没有第三者的协助和主持与其他纠纷解决方式相比,由于和解的过程与结果都取决于当事人,因此自治性最高。在农村土地纠纷中,纠纷主体对于自己依法享有的土地及其权益,可以基于自己的利益需要与对方协商,就争议的问题达成一致从而解决纠纷。和解的基础是纠纷主体有权对自己的权利进行处分,是私法自治原则的体现。正因为如此,和解必须建立在纠纷主体平等和真实意思的基础上。与和解具有较高的自治性相适应,法律一般对和解不作规范性要求。由此,和解中如出现强迫、欺诈、显失公平等情形,或者和解协议的内容违反了法律的禁止性规定,不仅当事人的合法权益难以实现,而且有可能危及社会公共利益。因此,和解应主要适用于平等主体之间发生的民事性质的争议,涉及社会公共利益、涉及政府行政行为引起的土地争议不宜采用和解方式解决。

2. 调解(非讼调解或民间调解)

调解,即纠纷主体将其争议提交第三者,由其协调、说服并帮助双方进行协商交流,以达成解决纠纷的合意。这是一种运用比较广泛的纠纷解决方式。在农村土地纠纷的解决过程中,属于这类调解的主要是人民调解委员会的调解、乡(镇)政府的调解。例如,根据我国《土地管理法》第57条的规定,土地承包合同纠纷的解决,可由双方协商解决、申请村委会或乡(镇)政府的调解、也可到法院起诉。其中村委会或乡(镇)政府的调解即属这类调解。据课题组的调查统计,纠纷主体选择村委会调解的四川有60.81%,贵州有53.57%,河南有60.00%,山东有84.44%,广东为38.81%,江苏为61.70%,山西有75.47%,黑龙江82.46%,湖北有70.42%,湖南有73.68%。综合起来,全国有67.19%的纠纷主体会选择调解解决争议。

根据我国《宪法》、《人民调解委员会组织条例》和司法部《人民调解工作若干规定》的规定,人民调解委员会是村民委员会和居民委员会等下设的调解民间纠纷的群众性自治组织。由于我国地域辽阔、人口尤其是农村人口众多,素有调解委员会调解民间纠纷的传统,调解委员会调解在解决土地纠纷中所占比重很大。调解虽然也要以双方自愿为基础,但与当事人自行和解相比，调解委员会主持的调解，更有利于为争议双方提供沟通与协商的气氛和条件，有利于促使农村土地纠纷的顺利解决。

乡（镇）政府的调解，在性质上与人民调解相同。乡（镇）政府为我国最基层的一级政府，一般设有司法所并有调解员，有的还设调解委员会。根据1990年司法部发布的《民间纠纷处理办法》的规定，基层政府处理纠纷的范围为人民调解委员会处理纠纷的范围，经调处后当事人不服的仍可向法院起诉。在农村土地纠纷的处理中，乡（镇）政府经常以第三者身份居中协调，促成双方当事人在平等的基础上达成解决纠纷的协议。

农村土地纠纷发生在基层，具有较强的地域性和家族性，设在农村的调解委员会和乡（镇）政府是最贴近纠纷及当事人的一级机构，他们往往比较熟悉当地的社情，了解纠纷发生的背景，同当事人也比较熟悉，主持调解时不仅会运用法律，也会考虑到当地的习俗、道德、村规民约等，在农村土地纠纷的解决方面具有独到的作用。因此，应当充分发挥人民调解工作的网络优势，加强调解委员会和乡（镇）政府对纠纷的预防、疏导和调处工作。

实践中一些涉及土地确权及国家土地政策方面的案件也进入了调解的范围，这是不妥当的。例如，有一农户开发种植了一块界域不明的荒地，后与附近的几户农民发生了权属争议，调解委员会在处理时将这块土地重新进行了分配，争议双方各占一半。双方当事人均同意该方案，也签定了调解协议。但不久因征地而早已获得了该土地使用权的一大型生物制药企业前来主张权利，该企业所持证据、证件齐全。显然，该调解协议是不妥的。对于本案中的荒地权属争议，调解委员会无权调解，原争议的双方当事人对此也无权处分。由于该纠纷处理不当，后又引起了更大的冲突。另外，在调研中笔者发现，调解委员会实际上更多的是依照社会公德或村规民约进行调解，而对有关土地方面的法律、法规、规章和政策并不熟悉，不能自觉运用到土地纠纷的解决过程中，许多农民也认为村规民约比国家法律更重要，作用更大，很少真正接触到与自己有关的法律。因此，尽管调解委员会事实上解决了为数不少的土地争议，但在法律和政策的贯彻以及在当事人权利保护方面，确实存在明显的问题。

3. 行政裁决及复议

行政裁决，即行政机关依法对平等主体之间发生的与行政管理相关的争议进行处理的具体行政行为;行政复议即上级行政机关对行政相对人不服下级行政行为的审查及决定行为。依照我国现行法律、法规的规定,行政途径是解决土地争议的重要途径,有些还是必经途径。例如,《土地管理法实施条例》第25条第3款规定:"……对补偿标准有争议的,由县级以上地方人民政府协调;协调不成的,由批准征用土地的人民政府裁决。"《行政复议法》第30条第1款规定:"公民、法人或其他组织认为行政机关的具体行政行为侵犯其已经取得的土地、矿藏、水流、森林、山岭、草原、荒地、滩涂、海域等自然资源的所有权、使用权的,应当先申请行政复议,对行政复议决定不服的,可以依法向人民法院提起行政诉讼。"但从调查的情况看,选择行政裁决及复议的比例很低,根据课题组的抽样调查,当被问及"你们村承包地纠纷一般通过什么方式解决?"时,回答"其他(包括仲裁)"的比例仅为6.53%。

通过行政途径解决土地纠纷是值得肯定的。首先,土地问题本来就带有很强的政策性,历史遗留问题、政策变迁引起的问题一直与土地行政管理密切相关,也与土地纠纷的产生密切相关。行政机关处理土地纠纷不仅对政策的把握更加熟悉,而且"行政机关掌握大量司法机关所不享有的裁量权和各种权力资源——如减免税负、批租土地、给予特许经营等,在解决纠纷中可以通过不同的资源调配,实现纠纷之有效解决"①。其次,行政机关在处理土地纠纷方面具有"专业对口"的优势,土地争议专业性很强,涉及的利益主体范围也比较广,常常需要运用专门的知识和技术。而行政机关掌握这些专门的知识和技术,拥有与其管理职能相关的信息资料,能够较为快速的查清事实,作出准确的判断。最后,与诉讼相比,行政裁决更富有效率。由行政机关直接处理土地纠纷,程序简便、快捷,纠正错误比较及时和彻底,成本投入也比诉讼低得多。除此之外,行政裁决与行政复议有利于行政机关自我纠错,也有利于强化上级行政机关对下级行政机关的监督。

但是,由于土地纠纷的复杂性,其中一部分不适合采用行政途径解决。政府及其主管部门代表国家行使土地管理方面的职能,一些土地争

① 何兵:《论行政解决民事纠纷》,载《行政法论丛》(第5卷),法律出版社2006年版,第486页。

议的发生本身就与其行政行为有关，例如，当国家作为土地所有者与集体经济组织就一块土地的所有权发生纠纷、因土地确权行为发生的纠纷等，行政裁决或复议中就会出现“自己作自己案件的法官”的情形，裁判者的中立地位难以保证，最低限度的程序公正就不能实现。在实践中，政府及其主管部门在处理土地争议时过多考虑自身利益、侵害相对人利益的案例时有发生。这些都说明行政裁决与复议也是存在局限性的。

4. 诉讼

诉讼是解决土地纠纷的法律机制中最正式、最权威、最规范的一种方式。因土地纠纷引起的诉讼通常是行政诉讼和民事诉讼。例如，政府为公共利益征地、土地确权或行政机关先行处理后当事人不服起诉的，应为行政诉讼；而在平等主体间发生的土地争议引起的诉讼则为民事诉讼。在土地争议或冲突中发生犯罪需追究刑事责任的，不在本章研究范围内。相对于行政裁决与复议，诉讼更加客观、中立和公正，也应当更有利于保护当事人的合法权益。

与上述土地纠纷的解决机制相比，诉讼具有严格的规范性。首先，它有规范的程序设置，可保障双方当事人平等对抗，充分行使自己的权利，从而满足保护合法的土地权益的实体目的；其次，法官代表国家行使审判权，统一适用国家法律，避免了部门利益的影响，有利于维护法律秩序。最后，诉讼最具权威性，在现代法治社会，司法应为解决争议的最终方式，即使某一土地争议经过了行政裁决或复议，当事人不服，仍可向法院提起行政诉讼，诉讼结果为解决该土地争议的最终结果。

依照我国现行法律和司法解释的规定，公民、法人或其他组织与政府及主管部门发生土地争议，法律、法规规定应先经行政裁决或复议的，应由行政机关先行解决，当事人对行政裁决或复议不服的，才能向法院提起行政诉讼；法律、法规未规定应先经行政裁决或复议的，则当事人可在行政途径解决或诉讼途径解决之间进行选择。而在平等主体间发生的土地争议，当事人可提起一般的民事诉讼，适用民事诉讼程序进行。

在上述各种救济机制中，自力救济和社会救济用得较多，而诉讼用得较少，还有一些人选择上访。以土地承包过程中的权利救济为例，在承包地纠纷的解决途径中，主要以村委会调解为主。调查中，高达 67.19% 的被调查农户均选择了村委会调解作为解决土地纠纷的途径，另有

19.13%的被调查农户选择了土地纠纷由农户与农户之间自已协商解决，而选择人民法院诉讼和上访作为解决纠纷的途径的比例仅为1.09%和1.56%。这一调查数据在我们对法院所作的访谈中也得到了相应印证，大多数基层法院均反映，其一年内的收案数量中因农村土地纠纷而提起的案件比例较低，如贵州省清镇市人民法院2005年、2006年受理的农村土地纠纷案件仅为3至5起。由于村委会调解成本低，且村干部对本村土地、人员的情况十分熟悉和了解，更有利于在处理纠纷的基础上更好地保持发生纠纷的主体双方之间的关系，因此，在现实中大多数发生纠纷的农户选择了由村委会调解作为其解决纠纷的途径。基于现阶段土地纠纷解决途径的现状，在针对“农民认为采用哪种方式解决土地纠纷是最好的”调查中，选择村委会调解解决土地纠纷是最好的农户的比例为54.28%，认为采用双方当事人自行和解是最好的农户占30.02%，而选择人民法院诉讼、上访和其他方式的比例分别为6.53%、1.40%和3.27%。2007年1月至3月，笔者以“聚焦乡村人民调解”为题，组成课题小组赴广西5个有代表性的乡镇，对20多个自然村调查访问，接受调查的农民近300人。在当地，产生纠纷的基本类型中，土地及与土地有关的纠纷占到31.3%，居各类纠纷之首；纠纷发生后，选择民间调解的占到58%，选择和解的占到10%，选择诉讼的占15%（问卷调查中未设计行政裁决项）。对于未选择纠纷解决方式的理由，有68.5%的被访者认为，民间调解能够有效的化解纠纷，而大多人认为，上法院打官司并不是件好事，而且花钱多、伤感情。农村土地纠纷涉及到农民的切身利益，事关其生存与发展，但他们却常常不能正确理解法律的规范性要求，缺乏自我保护的能力，因而在各种纠纷解决方式中，民间调解并非最理想的方式但大量使用，而诉讼虽然最有利于保障国家法律的贯彻实施，有力的保护土地权益，但利用率又很低。农村土地纠纷不能得到及时合理的解决，不能不引起我们对现有的纠纷解决方式进行反思。

一般来说，上述土地纠纷的解决方式各有特点，也各有利弊，形成了一个较为完整的纠纷解决体系。纠纷主体可根据自身的利益需求选择相应的纠纷解决方式。但从农村土地纠纷解决的实际情况看，上述纠纷解决方式都还存在明显的不足，相互之间的功能也远未形成互补互动的良性关系。因此，如何充分发挥上述纠纷解决方式各自的独特功能，如何实现功能互补，以更好地解决日益增多的农村土地纠纷，是急待研究和解决的问题。上述对农村土地纠纷解决机制的论述，是以现行立法和制度为依据的，然而当这些立法与制度实际作用于农村土地纠纷的解决时，却要受制于诸多因素：思想观念、权利意识、文化传统、法治水平、经济发展状况等。中国乡村社会相对封闭与落后，习惯法对社会关系的调整发挥着普遍的指导作用，而现代法律对农村社会生活的影响却十分有限。因而，立法和制度的存在与其在农村实际被利用是有相当的距离的。

笔者认为，为更好地解决农村土地纠纷，一方面需对各纠纷解决方式本身的功能予以优化；另一方面，针对农村土地纠纷的特点，将各纠纷解决方式的功能加以整合也是十分必要的。因为每一种方式均有其特点与利弊，整合的目的是扬长避短、实现功能互补，从而更好地保障土地权益，推进农村的法治现代化进程。

（四）农村土地纠纷的诉讼解决及其优化

不论是民事诉讼还是行政诉讼，都是解决土地纠纷的法律机制中最正式、最权威、最规范的方式，最有利于保护当事人的合法权益，保障国家法律的统一实施。据调查，农村土地纠纷的当事人通过诉讼方式解决纠纷的比例不高，诉讼的利用率很低，土地纠纷多半采取协商或人民调解的方式解决。即使诉讼到法院的案件比例不高，仍存在“告状难”的问题，诉讼成本、程序的复杂化和专业化也阻碍了当事人对诉讼的利用。受理这类案件较多的基层法院及其派出法庭管辖区域内人口多、地域广，与地方政府的联系紧密，司法独立不能得到很好的保障，这些都制约了诉讼在解决农村土地纠纷方面的功能的发挥。可以预见，这种情形在我国还将长期存在。这种局面与纠纷主体和诉讼的自身特征也有一定关系。诉讼是一种职业化、专业化程度很高的活动，其启动与进行需遵守严格的程序，一般当事人对程序的规定及活动方式比较陌生，参与度受到一定限制，在法律的认知方面也存在障碍。此外，诉讼程序复杂繁琐，成本较高、效率较低，尤其表现在行政诉讼中，法院对错误的行政行为一般只能撤销，而不能直接判决变更，行政机关在重新做出具体行政行为后，又往往引起新一轮的诉讼，不如行政复议纠正错误及时和彻底，也不如其他纠纷解决方式简便易行。

但是，这绝不意味着诉讼方式不重要，更不能以此否认诉讼在解决农村土地纠纷中独有的价值。首先，以诉讼的方式解决的纠纷，通常是影响较大、冲突烈度较强、矛盾尖锐或者用其他方式未获解决的纠纷，诉讼程序的完整、系统和程序保障，诉讼结果的权威性与强制性，能够保障纠纷的有效解决。诉讼虽然在体现当事人意思自治、消除心理对抗方面不及其他方式，但其在保护合法的土地权益、强制履行义务、维护法律秩序方面的作用，却是其他方式所不及的。因此，必须重视并充分发挥诉讼解决纠纷的正统性功能。其次，以诉讼的方式解决土地纠纷，不仅具有个案意义，而且具有示范效应。尽管土地诉讼的总量不大，但其示范效应不可小视。中国是一个人情社会，各种社会关系的调整及纠纷的解决大量使用习惯法，农民对现代化的法律并不了解，因此现代化法律应有的影响和作用并未得到很好的发挥。通过诉讼和审判，能够生动地使他们懂得法律弘扬什么、保护什么、制裁什么，从而使法律的精神更多地向农村社会渗透。这个意义是十分深远的。最后，诉讼制度的存在保证了司法最终解决原则的贯彻。司法最终解决原则是现代法治国家处理社会矛盾的基本原则，这是缘于“司法是实现社会正义的最后一道防线”。尽管没有必要鼓励所有纠纷寻求诉讼解决，但从制度设置上讲，由于其他纠纷解决机制在处理纠纷时存在局限性，导致权利保护不足难于避免，因此有必要为权利主体设置诉讼作为最后救济手段。无论是和解、人民调解还是行政复议，都不是最终的纠纷解决方式或权利救济方式，纠纷未能有效解决或权利未能得到有效救济，应适用司法最终解决原则。作为一种机制，司法的意义已经远远超出了个案审判。

当然，针对诉讼在处理农村土地纠纷中存在的问题，完善现有的程序、制度也是十分必要的。从当事人的角度讲，通过长期的普法教育，应培养他们的权利意识和法律意识，使他们能够选择他们认为最有利于保护自己合法权益的方式；从法律及法院的角度讲，应不断从制度上加以完善，通过诉讼和审判弘扬法律、保障权益，使法律的精神更多的向农村社会渗透，必须重视并充分发挥诉讼解决纠纷的正统性功能。在诉讼中，法院应以重点保护农民的合法权益为原则，尤其是在行政诉讼中。这是因为，土地权益关系到农民的生存与发展，而农民通常是实际的弱势群体和诉讼能力较差的一方，不给予重点保护就难以实现真正的公平，不利于维护农村社会的稳定。一些农村土地纠纷涉及面广,处理不好容易引发群体性上访事件,法院应依法妥善处理,作耐心细致的工作。同时,诉讼主体制度、证据制度、保全程序、审判程序、执行程序等尚需从立法上进一步完善,以更好地保护农民的合法权益。此外,法律援助工作应重点向农村覆盖,法律援助需求量最大的地方是农村。

(五)非诉讼纠纷解决方式的功能优化与整合

非讼解决方式在我国早已存在并与诉讼构成多元化纠纷解决体系。对于农村土地纠纷解决的数量而言,非讼解决方式是主要方式。非诉解决纠纷的机制并非是现代社会的产物,它早在社会形成之初就已经存在了。自人类社会产生时起,人与人之间就有了利益冲突与纠纷,相应的纠纷解决机制也就出现并不断丰富完善了,除了诉讼,常见的有和解与协商、第三方居中调解、仲裁、行政机关处理等。这些民事纠纷解决制度具有诉讼所没有的许多优点。在我国现阶段,非诉讼的机制被大量用于解决我国农村土地纠纷,其理由主要有以下几点:

(1)农村土地纠纷的多元化和利益的多元化要求我们寻求包括诉讼在内的土地纠纷解决的多元机制。对处于转型时期的我国农村而言,由于经济活动增多,利益分配不公及现代思潮的影响,导致农村社会的土地纠纷比以前明显增多。由于农村地区总是充满了这些复杂的利益冲突,而且这些冲突在性质、形式和激烈程度等方面各不相同,这必然要求解决这些土地纠纷和争议的方式、途径、手段的多样化:对一些争议标的较大的土地纠纷,尽量通过正式的法律途径解决;而对一些简单的或争议标的较小的土地纠纷,则可选择一些相对灵活简便的机制解决;对时间要求不是很紧迫的土地纠纷,当事人可自由选择诉讼或非诉讼手段;而对涉及农业生产的季节性比较强的土地纠纷,则尽量选择程序迅速、简便的方式。

(2)相对而言,农民之间发生民事纠纷的多数时候,当事人更重视的是民事纠纷能得到永久性解决,同时又能维持原有的邻里、亲情等社会关系。民事纠纷的解决方式和主体之间的关系是息息相关的。虽然同处在一个社会中,但是人与人之间的关系是有远近亲疏之别的。一般来说,关系距离远近同法的变化之间存在着的曲线相关,即在关系较亲密的社会群体中,法律和诉讼显然是被尽量避免的,而随着关系的疏远,法的作用也相应增大。这种社会主体之间的关系决定了他们在法律和诉讼的利用频率上的明显差异,同时也决定了社会必然要根据主体之间关系的亲疏远近设计出不同的民事纠纷解决机制。农村社区具有与城市居住区不同的特点,它具有血缘性及熟知性,即农村社区里的成员之间大部分是有亲属血缘关系或是邻里同村的“熟人”,而将争议或纠纷诉诸法院或通过其他“官了”的方式解决,又是被他们认为是关系极端破裂的标志。此外,有些纠纷在法院依法对权利义务做出判决后,仍会留下遗憾或其他与社会常理或情理相悖的困惑,乃至结下永久仇怨。

(3)诉讼自身存在的特点和局限性。如前所述,诉讼是一种职业化、专业化程度很高的活动,其启动与进行需遵守严格的程序,当事人对程序的规定及活动方式比较陌生,参与度受到一定限制。在法律的认知方面也存在障碍。此外,诉讼程序复杂繁琐,成本较高、效率较低,加上法律规范本身所具有的相对滞后性,法律规则(审判规则)与社会规范(传统、道德、习惯和情理等)的矛盾,都会影响广大农民利用诉讼程序。而诉讼的这些局限性,往往可由非讼纠纷解决机制来弥补。

相对于诉讼,非讼纠纷解决机制具有替代性、可选择性和有效性的特点。替代性纠纷解决机制与非讼纠纷解决机制已可等同使用,在一定的条件下,它是诉讼的替代方法,既可解决纠纷,又可避免诉讼的局限。可选择性,是指当事人自主选择性。非诉解决民事纠纷机制的适用是以当事人的自愿选择为前提与基础的。农村土地纠纷大多表现为当事人之间的民事权利义务发生争执,而民事法律关系本质上是属于私法的范畴,除了有损国家与社会公共利益之外,实行当事人意思自治原则。意思自治原则的根本特征就是当事人享有选择权,这种选择权不仅表现在当事人对权利义务的设定上,也包括权利义务发生争执后对处理纠纷方式及结果的选择上。有效性,是指能够解决纠纷,这是非诉民事纠纷解决机制的基本功能和存在的根本目的。无论是何种形式的非诉讼民事纠纷解决的方式,从其功能和效果上看,都能最终达到解决纠纷的目的,所不同的只是表现形式、速度快慢、效益高低及繁简程度等方面。正是由于具有这一功能,各种各样的非诉民事纠纷解决机制才和诉讼一同建构了我国多元化的民事纠纷解决机制。

如何充分发挥非讼纠纷解决机制的作用,关键在于确定各种方式与具体纠纷的对应关系，脱离了具体纠纷及其特点，无所谓哪一种方式更好。具体来讲，应注意下列问题：

1. 关于和解

如果土地争议涉及的是平等主体之间的一般民事纠纷，和解不失为一种能够充分体现当事人意思自治的纠纷解决方式。但是，与一般民事纠纷不同的是，土地权利是一种非常特殊的权利，有些纠纷不可避免的会涉及到现有的土地政策和土地制度，因此，在当事人协商解决土地权属纠纷时，当事人的处分权应受到一定限制。如果某土地纠纷涉及到土地行政管理，或涉及到社会公共利益，则一般应由行政机关处理。值得注意的是，在土地权属纠纷方面，现有的土地制度和有关纠纷解决机制在设置上有些特别规定，当事人的和解在程序上也有些要求，但还需完善。例如，"因土地权属不清、范围不清、界限不明引起的土地所有权和使用权争议，各方当事人本着互谅互让的原则，经协商取得一致意见后，签定土地权属协议书，并应立即持协议书向土地行政主管部门申请登记确认，领取土地证书，避免反复。"[①]显然，尽管是双方协商解决，但此时国家公权力有介入，这种规定一方面有利于将和解的成果保存下来，赋予其较一般和解协议更强的约束力，也与我国的土地登记制度相协调；但另一方面却带了当事人意思自治与国家公权力的冲突。本来协商、和解是争议主体双方的事，但该协议却要由土地主管部门来确认，且法律对是否确认的标准及确认的程序又没有规定，对政府的权限没有约束，因此难免发生侵犯当事人处分权与意思自治的情况。为保障当事人的土地权益，更好的解决土地争议，应从程序上对此予以完善。首先，应完善土地行政主管部门对和解协议确认的标准及确认的程序；其次，应明确规定，当事人如认为土地行政主管部门未依法登记确认或有其他侵犯当事人合法权益的行为，当事人有权申请复议或提起诉讼，将和解与法律上的救济程序有机结合起来，把当事人的处分权与土地管理的合法性结合起来。

2. 关于人民调解

这里主要是指村委会的人民调解委员会及乡（镇）政府的调解。在

① 梁书文、黄赤东主编：《土地管理法及其配套规定新释新解》（上），人民法院出版社 2000 年版，第 437 页。

农村，土地纠纷的解决大量使用调解方式，人民调解委员发挥了十分重要的作用。民间调解具有成本低、效率高、贴近民众、不伤和气的独特优势，在现实中长期以来被普遍使用，有社会基础。在我国民事纠纷大幅上升及发展替代性纠纷解决机制的背景下，最高人民法院于 2002 年 9 月颁布了《关于审理涉及人民调解协议的民事案件的若干规定》，首次明确了人民调解协议具有民事合同的性质，这对于强化人民调解协议的约束力、推动人民调解制度的发展是具有积极意义的。

但是，人民调解运用于解决土地纠纷，也存在一些局限和问题，应当予以重视并逐步解决。第一，调解协议的达成是双方当事人合意的结果，而合意又是以处分权为基础的。因此，人民调解的案件范围只能是当事人依法行使处分权范围内的案件，而不能是涉及土地确权及国家土地政策方面的案件。土地纠纷涉及面广、类型复杂，人民调解的案件范围只能限于平等主体间民事性质的争议，并且双方当事人对争议土地权益应享有处分权。调解委员会为民间自治性组织，其处理土地纠纷应与其属性和功能相符。第二，人民调解内含的制度、规范因素较少，有时可能与国家法律和政策不相吻合，对当事人权利保护不力。根据《人民调解委员会组织条例》的规定，人民调解委员会的调解应当"依照法律、法规、规章和政策进行调解，法律、法规、规章和政策没有规定的，依照社会公德进行调解"。在调研中笔者发现，调解委员会实际上更多的是依照社会公德或村规民约进行调解，而对有关土地方面的法律、法规、规章和政策并不熟悉，不能自觉运用到土地纠纷的解决过程中，许多农民也认为村规民约比国家法律更重要，作用更大，很少真正接触到与自己有关的法律。因此，尽管调解委员会事实上解决了为数不少的土地争议，但在法律和政策的贯彻以及在当事人权利保护方面，确实存在明显的问题。对于调解解决的纠纷，应注意与司法的救济途径协调，法院如发现调解协议违反了自愿原则或违反了法律强制性规定，应对调解协议予以撤消，依法作出公正的判决。第三，需加强人民调解委员会自身的建设，包括组织建设和制度建设。农村的人民调解委员组织机构很多是不健全的，"一套人马、多块牌子"比较普遍。乡（镇）调解委员会隶属于乡（镇）司法所，乡（镇）司法所是县司法局在乡（镇）人民政府的派出机构，担负着具体组织实施基层司法行政各项业务的工作，其调解委员会主任很多是由司法所所长兼任的；

村里的调解委员会隶属于村委会，调解委员会主任常常由村长或者书记兼任。调解委员会实际的工作负担是很重的，加之人手不够、后备力量不足、工作条件差、必要的经费难以保障，调解员的素质也比较低，这些都制约了调解委员会解决纠纷功能的发挥。[①] 基层政府对此应当予以高度重视并认真解决。从制度建设的角度讲，调解委员会虽然是群众自治性组织，但其调处土地纠纷毕竟关系到当事人的合法权益，关系到国家法律及政策在农村的贯彻，因此相关的制度建设应当加强。其中核心问题是如何保障当事人的处分权，保障调解协议的自愿合法。调解委员会可运用说服、教育和疏导的方法帮助当事人平等协商、达成协议，但要避免将基层领导的身份带到调解中，这样容易造成强制调解。另外在与诉讼的衔接上，任何人不得为当事人寻求司法救济设置障碍，法院对经调解达成协议又起诉的案件，应重点审查当事人的意思自治是否得到了保障。

应当注意的是，人民调解委员会具有预防纠纷的功能，这是其他纠纷解决方式所没有的，应当充分发挥。农村土地纠纷有一定的家族和地缘性特征，基层的调解组织（尤其是村里的调解委员会）了解情况深入具体，掌握信息及时，与当事人比较熟悉，有条件较早介入到当事人中作疏导工作，把矛盾消灭在萌芽状态，充分发挥预防纠纷“第一道防线”的独特作用。[②]

3. *关于行政裁决与复议*

以行政方式解决土地纠纷，主要有两种情形：一种是行政机关以调解方式解决土地纠纷；另一种情形是行政机关对土地争议依法裁决或复议。行政机关居中调解与人民调解类似，调解协议不具有法律上的强制力，是双方当事人的意思表示而非行政机关的意思表示。因此，当事人事后反悔可提起民事诉讼。

行政裁决与复议则是行政机关行使公权力处理土地纠纷的行为，如

---

① 根据“聚焦乡村人民调解”课题组的统计资料，在被调查访问的五个乡镇中，调解员普遍人手少，且一般受教育程度不高，初中以下文化程度占45%，高中文化程度的52.8%，其他为中专文化程度。

② 在广西的界首、湘漓、华江等地，一些乡镇司法所定期召开调解例会，各村的调解员参加并汇报情况，重点反映较为重大的纠纷，包括可能发生的矛盾和冲突，例会上大家讨论解决和预防的办法，效果很好。

前所述,行政机关处理土地纠纷存在一定的局限性,而行政裁决与复议又具有强制力。为保证争议主体的合法权益,保证土地纠纷的公正处理,应当有针对性的解决下列问题:第一,严格依照国家法律处理纠纷,注意避免以政策代替法律,更不能将地方政府一些管理性的目标带到土地纠纷的解决中。第二,程序公正。行政机关应保持中立,不偏袒任何一方,应当保障争议各方陈述权、申辩权的充分行使,保障其程序参与的权利,同时行政机关处理纠纷须严格遵守程序规定,如申请、受理、调查等均需依法进行。第三,与诉讼有机结合,加强对当事人的权利保护。此类诉讼属行政诉讼,当事人对行政裁决或复议不服,应及时告知其寻求司法救济的权利及行使的方式。因土地纠纷引起的行政诉讼比较复杂,带有一定程度的政府管理色彩,实践中,有的行政机关在处理土地纠纷中过多考虑自身利益,甚至操纵程序、违法办案,侵害了当事人的合法权益,因此通过行政诉讼予以监督十分必要。

(六) 余论

从纠纷解决方式看,除上述几种方式外,有必要进一步探索和建立土地纠纷的仲裁机制。虽然《农村土地承包法》规定仲裁是解决土地纠纷的方式之一,但并没有就此种仲裁的性质及程序作出具体规定,一些地方(如安徽、浙江等)建立了土地仲裁机构,开展了相应的工作,但发挥的作用有限,更多的地方没有建立这类机构。土地仲裁有别于一般的民商事仲裁,不具有"一裁终局"的效力,经仲裁后当事人不服的仍可向法院起诉。土地纠纷的仲裁专业性和针对性都很强,我们应对国内现有的实践进行总结,同时对外国(如英国的土地裁判所)的经验进行研究与借鉴,以丰富解决农村土地纠纷的途径,给当事人更多的选择。

从农村土地纠纷的类型看,不同类型的纠纷有不同的特点,对其进行处理的具体方法也应有所侧重。例如,土地权属纠纷和土地征收纠纷,在纠纷主体的地位、纠纷的性质和范围、发生的原因、涉及的法律关系、适用的法律、处理的原则等方面都可能不同。因此,对不同类型的土地纠纷的特点应深入细致研究,这对于建立和完善相应的纠纷解决方式,更加及时有效的处理农村土地纠纷是十分重要的。

从更为广泛的意义上看,大量农村土地纠纷的存在不仅仅是一个法律问题,所以人们还需关注与思考下列问题:农民如何影响土地公共政策的制定与执行、如何在土地交易中提高自己的谈判地位、村民自治如何真正体现农民的意志、地方司法如何摆脱行政力量公平独立的判案等。这些问题对农村土地纠纷的发生与解决有着密切的关系。

二、农村土地纠纷的诉讼解决

(一)农村土地纠纷的产生背景及主要类型

从1983年1月中共中央关于《当前农村经济政策的若干问题》的出台,到2003年3月《中华人民共和国农村土地承包法》(以下简称《土地承包法》)的实施,我国对农村土地纠纷的解决,经历了主要依靠政策调整到以政策调整为主、法律调整为补充,再到政策调整与法律调整并重,直到目前主要依靠法律调整这几个阶段。为了使这种法律解决方式更具有针对性和实效性,有必要对我国农村土地纠纷产生的背景、原因进行考察和分析,对纠纷的类型进行研究。

从纠纷产生的背景、原因来看,首先,多年来我国农村土地政策不太稳定,几经变化,而土地变动缓慢,因此产生矛盾。例如我国在实行家庭承包责任制后,曾经推广过"两田制",即实行"口粮田和责任田"两种土地使用制度,而在这种制度被国家认定不利于土地的长期利用之后,很多地区却还在积极的继续施行,导致现实与国家政策和法律脱节。2003年新的《土地承包法》扩大了农民的土地处分权,土地承包最低30年不变,但是因为历史原因形成的土地现状的混乱,使良好的法律政策无法实际良性运行。法律、政策的多变与历史原因形成的农村土地状况混乱,以及我们没有根据国家法律、政策的改变对土地政策及时调整产生矛盾,因此导致农村土地纠纷的大量产生。

其次,随着农村经济体制改革的不断深入,国家和政府在逐步加大对农业的各项投资建设,涉及农村和农业的政策也逐渐向着农民利益倾斜,由此农村土地的增值成为必然。然而我国人地矛盾十分突出,因此纠纷产生就有其不可避免的结构性因素。

再次,有些农村基层组织行为不规范,对农民的自主经营权干预过多,时有越权处理农村的具体承包合同,对荒碱地、池塘水库等承包合同的干涉尤为突出,甚至违法行政侵害农民的土地利益。与此同时,基层组织社会控制力在弱化,有些乡村基层组织自律不严,民主法制意识淡薄,对群众的号召力、凝聚力和说服力大大减弱。从调查的情况看,土地使用权流转、农地征用、农村集体经济收益分配等纠纷,很多都是由于村基层组织实施的重大决策没有按照《村民委员会组织法》的规定运作,没有召开村民大会或村民代表大会方式进行民主决议,损害了农民民主权利和财产权利而引起。

最后,农民法律意识、思想观念发生了明显的转变。近年来,随着社会进步和普法工作的开展,农民的自我意识、土地主人翁意识、法律意识明显加强,对土地收益有了更加深刻的认识,而基层政府管理很不到位,没有结合土地现状和法律的规定及时、认真落实土地承包长期稳定的政策,致使农村土地纠纷不断产生。

从农村土地纠纷的现状看,近年来不仅数量呈上升态势,而且纠纷的性质、类型日益复杂化。目前,农村土地纠纷主要有下列类型:所有权纠纷、收益分配权纠纷、承包经营权流转纠纷、土地征用纠纷、相邻权关系纠纷以及土地继承权纠纷。

(1) 所有权纠纷。

《中华人民共和国宪法》第 9 条、第 10 条,《中华人民共和国民法通则》(以下简称《民法通则》)第 73 条、第 74 条,《中华人民共和国物权法》(以下简称《物权法》)第 46 条至第 52 条、第 58 条至第 60 条,《中华人民共和国土地管理法》第 2 条、第 8 条、第 10 条,《中华人民共和国土地管理法实施条例》第 2 条等明确了我国土地的所有权主体,即土地所有权由国家和集体所有,且做了详细的划分。通过上述立法,我国确立了国家和集体两级土地所有权,但由于长期受土地所有制姓“公”或姓“私”观念影响,“我们无法回避农村集体土地所有权在法律上有名无实的状况。权利主体虚位,是集体土地所有权弱化的原因与表现。”[①]从集体土地所有权的实际运行来看,“不仅范围较窄,其所有权权能除占有、使用、收益权外,农

① 黄涛:《论集体土地所有权制度之完善——兼评物权法草案第八十八条》,载《甘肃政法学院学报》2001 年第 1 期。

村集体对土地之处分权受到国家所有权的严格限制，一定程度而言，农村集体所有权仅仅是国家所有权之补充或附庸，其产生并非是国家平均地权的结果，而是国家进行社会控制的一种手段。”[①]于是出现了国家所有权之上，集体所有权受限的尴尬局面。现有立法着重保护者为土地的所有者——国家利益，而非对土地做出投入并使其产生实际效益的利用者即用益权人。也因此致使国家随意以各种行政手段侵害集体土地所有权，农村土地所有权仅具形式而缺乏实际权利内涵。在这样的一种背景下，国家与集体土地所有权权属纠纷、不同集体经济组织间集体土地所有权权属纠纷、“四荒”土地使用权纠纷比较突出。

(2) 收益分配权纠纷。

在农村土地纠纷案件中，争议比较大、问题比较多，也较难处理的是收益分配权纠纷。在如何确定农村集体经济组织成员资格等问题上各地认定标准不一，从而导致执法不统一。农村土地纠纷主体与其他民事案件主体相比，其特殊性在于，主体只有取得成员的身份资格后才能享有征地款分配权和土地承包经营权等村民待遇。实践中比较普遍的做法是或以当事人的居住地为依据，或以其户籍为依据，以此认定集体经济组织成员的资格。但其极有可能“两头”否定诸如“外嫁女”、离婚、丧偶女性、大中专在校生、服刑人员等特殊群体的成员资格，以此剥夺他们的收益分配权，造成两头权利都悬空的状况。据我们调查，上述特殊群体由于身份上的不稳定性，致使其收益分配权极易丧失。以大中专学生为例，过去只要其一经录取，其身份即发生变化，毕业后由国家统一分配工作，与所在乡、村存在经济联系的可能性不大。而随着国家取消统分工作和就业形势的严峻，许多毕业生不能保证其在城市工作，相反，有相当一部分待业毕业生滞留家中，在未正式参加工作前，他们理应享有收益分配权。正是社会对上述特殊群体权利的漠视、法律和政策等原因致使许多人无法享受土地上的诸项权利。于是，以争取收益分配等引发的农村土地纠纷自然成为农村土地纠纷之一种。

(3) 承包经营权流转纠纷。

农地承包经营权流转纠纷也为农村土地纠纷之一种，在承包经营权

---

① 刘云生：《民法与人性》，中国检察出版社 2005 年版，第 91 页以下。

范围内，为提高土地的利用率或根据不同的需要而转包和互换土地者居多。土地流转的目的使当事人通过流转这一方式，以转让、转包、出租、入股、继承等形式增加收益。然而基于熟人社会所达成的土地流转形式，“价格只是参数之一，货币不能作为唯一的衡量标准，还必须加上情感得失、依赖关系、过去所欠、所积或未来所需等要素。这些货币以外的社会因素将极大地影响交易衡量，使得交易定价变得不易确定。”[①]因缺乏明确的权利义务关系而容易产生相互抵赖、扯皮现象，如当事人对转包、出租地流转期限没有约定或者约定不明等纠纷。此外，承包方以转包、出租等形式将土地承包经营权流转给第三人，且流转期限尚未届满，因流转价款收取产生的纠纷、本集体经济组织成员在流转价款、流转期限等主要内容的条件下主张优先权的纠纷、承包方未经发包方同意，采取转让方式流转其土地承包经营权纠纷、因发包方违法收回、调整承包地，或者因发包方收回承包方弃耕、撂荒的承包地产生的纠纷、承包合同中有关收回、调整承包地的约定违反相关法律等纠纷也较普遍。

（4）土地征用纠纷。

《物权法》第 42 条第 2 款规定：“征收集体所有的土地，应当依法足额支付土地补偿费、安置补助费、地上附着物和青苗的补偿费等费用，安排被征地农民的社会保障费用，保障被征地农民的生活，维护被征地农民的合法权益。”第 3 款规定：“征收单位、个人的房屋及其他不动产，应当依法给予拆迁补偿，维护被征收人的合法权益；征收个人住宅的，还应当保障被征收人的居住条件。”从理论上讲，依契约而成立的承包经营权可以对抗集体的发包权。但实践中比较普遍的做法是：当国家对农业土地进行征收时，发包人可以凭借所有权人的优势干预承包人之自主经营权，而农村土地承包经营权人不能以平等身份与国家达成补偿协议，难以适用物权效力加以保护自己的权利。[②] 结果造成土地承包经营权人的权利完全由享有所有权优势的集体替代，后者通过自己在农地上的优势和话语权，迎合权力主体的需要，往往以各种手段压低，甚至贪污、挪用、私分、截留、拖欠征收补偿费。安排被征地农民的社会保障费用，保障被征地农

① 张静：《现代公共规则与乡村社会》，上海书店出版社 2006 年版，第 221 页。
② 参见刘云生：《民法与人性》，中国检察出版社 2005 年版，第 94 页。

民的生活，维护被征地农民的合法权益等法律规定更是难以执行。当权利主体的利益明显受到侵犯或不能满足其利益需求时，因土地征用费引起的纠纷自然成为农村土地纠纷之一种，且在实践中比较常见。同样，城市与农村土地征用补偿问题也很突出。一方面，同样的土地和房屋在土地征用补偿中此地与彼地的差距太大；另一方面，征用农牧民土地后的社会保障机制滞后。

（5）相邻权关系纠纷。

相邻关系是指相邻各方在对各自所有的或使用的不动产行使所有权或使用权时，因相互间依法应当给予方便或接受限制而发生的权利义务关系。如土地所有人或使用人应当为邻人的方便在法律规定的范围内允许邻人使用其土地，相邻各方在设置分界墙、分界沟、分界篱时应依法处理好有关关系等。[①]“地上权的设定在于使用他人土地，其使用内容及范围依设定行为的约定及登记范围而定，并应受相邻关系的规范。”[②]实践中，上述相邻权关系纠纷，尤其是分界墙等纠纷比较常见。通常情况下，土地权利人基本没有在自己所有或使用的土地上为邻人提供方便或接受其限制的观念，邻人一般也很少要求他人为自己给予方便或让他人接受限制。因此，此类纠纷较少。相邻权关系纠纷较多的当属在设置分界墙、分界沟、分界篱等关系自身既得利益时，往往因相邻方多占土地或遗留界限模糊等发生纠纷。但对相邻各方因设置分界墙、分界沟、分界篱等发生的纠纷却找不到相关的法律解决途径，有待进一步解决。[③]

（6）土地继承权纠纷。

土地继承权纠纷与人们长期的重男轻女思想有关，其直接剥夺、侵害了女性的土地继承权。传统观念认为，女性总有一天会脱离原家庭，即“嫁出去的人如泼出去的水”，不会给原家庭带来任何利益。为此，一方面，女性的继承权从小就不被重视；另一方面，女性一旦结婚，就丧失继承娘家财产的权利，与娘家无财产关系。娘家一方集体在土地继承中自然

---

① 参见彭万林主编：《民法学》，中国政法大学出版社2002年版，第304页。

② 王泽鉴：《民法概要》，中国政法大学出版社2003年版，第536页。

③ 我国《民法通则》第83条、《物权法》第84条至第91条、《最高人民法院关于贯彻执行〈中华人民共和国民法通则〉若干问题的意见（试行）》第97条至第103条对相邻关系及相邻权关系的其他纠纷解决途径、归责事由等均作了详细规定。

将“外嫁女”排除在外;而婆家集体则认为其可能在娘家有承包地或户籍没迁到婆家,往往也会忽视外嫁女的土地承包权,无形中剥夺了女性的继承权。《中华人民共和国继承法》第9条规定:“继承权男女平等。”而在广大农村,由于受传统观念的影响以及对女性权利的漠视,许多女性的土地继承权随意被剥夺、侵害。当多数女性意识到其合法的继承权被侵犯后,以主张取得其合法土地继承权所产生的纠纷也较多。

农村土地纠纷发生在地域辽阔的、占全国面积3/4的农村,分布广,涉及面大,冲突主体一方一般为农民,土地对于他们致关重要但其地位处于弱势,近年来纠纷的群体性特征日强,其纠纷处理结果不仅关乎对个体的保护,而且关乎农村社会的稳定。因此,必须重视对农村土地纠纷的解决。

(二)农村土地纠纷诉讼解决的现状考察

诉讼方式是解决农村土地纠纷的方式之一,数量不多但功能独特。中南财经政法大学“中国农村土地问题立法研究”课题组,于2007年5月至8月分别对四川、贵州、河南、山东、广东、江苏、山西、黑龙江、湖北、湖南共10个省30个县市的60个乡镇的180个村庄进行了调查。“农村土地纠纷的诉讼解决”是该课题研究的组成部分。从课题组汇总的统计看,农村土地纠纷的当事人选择到法院诉讼的比例为1.09%,远低于其他纠纷解决方式。

包括土地纠纷在内的农村社会的纠纷,长期以来主要采取非诉讼方式解决,这种情况在我国有着历史的和现实的原因。

首先,从历史的角度看,中国传统法律文化的最高境界是寻求“和谐”秩序,手段是教化、息讼与刑罚,基本价值取向是“礼义”的伦理道德,核心是“忠孝”两字,主要表现形式是刑法与官法的“公法”体系。特征是缺乏严格意义的“私法”制度,缺陷是个人权利没有保障。① 有学者曾指出:“传统中国法律文化的基本价值取向是无讼,它既是一个理想,又是寻求秩序和稳定的一种努力。”②这种“天人合一”的思想,最直接的反映在

① 参见徐忠明:《思考与批评:解读中国法律文化》,法律出版社2000年版,第59页。
② 张中秋:《中西法律文化比较研究》,南京大学出版社1999年版,第99页。

社会中便自然结合成一种“和谐”的社会价值观，谁破坏这种“和谐”的局面，便是对天道和人道的无视与践踏，就要受到礼教的惩戒。“‘人道’源于‘天道’，而天道是自然而且和谐的。从这样的立场出发，争以及因争而起的冲突就成为一件绝对的坏事。因此，在出现冲突的场合，重要的事情不是去协商冲突的双方，使其行为合于法律，而是彻底地消除冲突，使之无由发生。同样，法律的作用不是为人们满足私利提供合法的渠道，恰恰相反，它是要尽其所能抑制人们的私欲，最终达到使民不争的目的。”①从这些学者的论述中，我们不难看出，在中国，由于传统法律文化的根深蒂固，至今在一些地区，尤其在农村社会中其仍起着不容忽视的作用。在这样一个无争的意境下，“和为贵”思想根植于人们心中，谁还会为些许琐事而涉讼？这里，人们最高的追求是大事化小，小事化了。“相安无事”便成了人们最大的、普遍的处事追求。试想，在这种思想支配下，岂能衍生出诉讼与诉权行为？

其次，从现实的情况看，农村社会一般是按一定地域划分的群体，地域性、狭小性、封闭性为其基本特点。这样的社会，自然便有一种无形的威慑起着止争息讼的作用。尽管非诉讼救济方式可能不公正，当事人利益会受到很大损失。但因碍于这种威慑的存在，其只能听之任之。这里，所谓的威慑来自两方面。一方面，“在一个封闭的熟人社会里，违反礼俗之人将成为狭小生活圈子的‘陌生人’，他将无法正常生活，这才是最大的不利。”②况且，“抬头不见低头见”，碍于另一方当事人有很大势力，怕遭打击报复。纠纷处理的结果虽不公正，但权衡利弊之下，只能委曲求全。另一方面，以村委会为代表的乡村权威们依然是乡村秩序的维护者，谁不服从其管理，就意味着与其作对，就有可能以种种方式和理由排斥其出“辖区群体”之外。“他们通常以带有威压意味又不失亲切感的话语，促使纠纷双方达成某种程度的妥协，事实上，这样的纠纷处理后在很多情况下难言公平。一方往往碍于调解人的人情或威慑力而作出让步。”③

---

① 梁治平：《寻求自然秩序中的和谐：中国传统法律文化研究》，中国政法大学出版社 2002 年版，第 214—215 页。

② 王宏璎、王存河：《民间习俗与国家法律关系初探》，载谢晖、陈金钊主编：《民间法》（第 1 卷），山东人民出版社 2003 年版，第 63 页。

③ 张立伟：《乡村社会秩序与纠纷处理》，载同上注书，第 151—152 页。

另外，对于基层民众而言，打官司就意味着打资金和财产。首先，要交一定的诉讼费，不经济；其次，有败诉的危险；再次，司法部门的腐败，致使民众认为打一场官司，法院吃了原告吃被告，到最后自己的利益难以保障不说，还得赔进一大笔钱，因此不愿意轻易走诉讼途径。

在已经提起的诉讼里，除少量行政诉讼外，绝大部分是民事诉讼适用民事诉讼程序审理。从课题组调查的情况看，因土地纠纷提起的诉讼有下列特征：

从受理案件的法院看，受理农村土地纠纷的法院主要是基层人民法院及其派出法庭，其中乡镇的人民法庭起着极为重要的作用。一方面，这是《民事诉讼法》、《行政诉讼法》关于级别管辖的规定使然，除比较重大、复杂的土地争议由中级或中级以上的法院受理外，一般由基层法院受理；另一方面这也与法院体系的布局有关，我国的基层法院分布最广、数量最多，最贴近当事人和纠纷发生地，由其受理一审土地争议案件，方便当事人诉讼，也方便法院办案。

从法院对土地争议的审理方式看，法院调解的适用较为普遍，调解结案的比例高于裁决的比例，调解贯穿于从法院受理后到判决前的各个阶段。特别是最高人民法院提出“能调则调，能判则判，多调少判，调判结合”的方针以来①，农村的基层人民法庭在实践中体现了这一要求，调解率进一步上升。首先，对当事人而言，在农村这个“熟人社会”中，调解减少了诉讼的对抗性，有利于维护自身的长远利益和当事人之间的友好关系；其次，调解本身具有方便、快捷和高效的优点，有利于减少“讼累”，节约成本。再次，调解协议基于当事人的合意而达成，有利于当事人从心理上化解矛盾，并自觉的履行调解协议。

从适用的诉讼程序看，适用简易程序比例较大。一般来说，农村的社会关系相对比较简单，简单的案件数目众多，争议的标的额不大。而简易程序相对普通程序成本较小，有利于节约司法资源，程序上的简捷也使当事人容易接受，适合大部分的农村民事纠纷。

从诉讼主体的情况看，农民一方无论从经济上还是社会地位上均处于弱势，对法律知识知之甚少但亲自诉讼的占据多数。近年来群体性纠

① 这一方针后为最高人民法院进一步改为“能调则调、当判则判、调判结合、案结事了”。

纷引发的共同诉讼、代表人诉讼增加。法院对此类案件的处理较为谨慎，一般会将如何维持稳定放在首要位置。而在遵守诉讼程序、证据规则以及严格执行实体法方面则可能会打折扣。

毫无疑问，这些年来诉讼在解决农村土地纠纷过程中发挥了重要的作用，体现了司法这一“最后救济手段”的独特功能。但也明显存在下列问题：

第一，受理农村土地纠纷的初审法院主要是基层法院及其派出法庭，而设在农村的基层法院及其派出法庭，较为普遍地存在办案经费短缺和审判力量不足的问题，影响了办案质量。有些县（或县级市）地方财政紧张，基层法院的办案经费要自己“开源节流”，有的县法院法官一年中有9个月没有发全额工资。[①] 与此同时，基层法院法官队伍素质参差不齐，法官的来源上，许多是复转军人，还有由妇联主任或其他行政机关工作人员调来做审判工作，缺乏基本的法律思维方法和法律专业知识；在开庭审理案件中，有少数法官连基本的法律关系、证据事实都分不清，审判技巧不娴熟，判决说理不强，很难使人信服；从人员结构来讲，法庭的工作人员严重缺编，后备力量不足。

第二，以调解的方式对农村土地纠纷进行处理，掩盖了一些矛盾和问题。其中比较突出的问题有两个：一是调解方式模糊了土地立法中的权利义务规定，导致权利方的合法权利不能得到充分主张；二是有些土地纠纷不可避免的会涉及到现有的土地政策和土地制度，调解中如出现强迫、欺诈、显失公平等情形，或者调解协议的内容违反了法律的禁止性规定，不仅当事人的合法权益难以实现，而且有可能危及社会公共利益。

第三，作为重要诉讼角色的农民“政策意识”很强而法律知识缺乏。长期以来，政策在农村起着举足轻重的作用，农民更关心政策变化会给自己带来怎样的利弊，农民以及基层组织经常分不清政策与法律，对于法律、法治、程序普遍比较陌生。许多地方的农村仍然是贫穷和愚昧的，而“贫穷和愚昧是实现民主和法治的障碍，因为民主和法治是人类文明的产

① 参见苏力：《送法下乡》，中国政法大学出版社2000年版，第342页。

物和标志”①。因此,在农村的土地纠纷中,真正进入诉讼程序的很少,除了人民调解委员会拦截了大部分的纠纷,一些纠纷即使提起诉讼,当事人往往难以很好理解和运用诉讼程序,而是希望司法机关为其“做主”、为其举证、为其“伸冤”。

第四,存在司法权地方化和裁判不公的问题。司法难以独立一直是困扰我国法治进程的难题,在实践中,司法权受到行政权的干预是较为普遍的现象。由于基层法院的人事任免权和经费保障权不同程度地掌握在地方政府手中,司法与地方利益有着千丝万缕的联系,导致了司法对地方政府的依赖,司法权的地方化影响了法院公正的审理案件,尤其表现在行政诉讼中。裁判不公的问题与司法权地方化、人情化以及法官个人素质有关,虽为数不多,但“一次不公正的裁判,其恶果甚至超过十次犯罪。因为犯罪虽是无视法律——好比污染了水流,而不公正的审判则毁坏法律——好比污染了水源”②。

第五,现行的诉讼制度自身尚需完善,如诉讼主体制度、证据制度、保全程序、审判程序、执行程序等尚需从立法上进一步完善。

第六,诉讼的高成本是阻碍农民利用诉讼方式的重要因素。诉讼制度自身的完善固然重要,但还必须考虑怎样才能使其尽可能被利用的问题,法律援助应当是帮助农民克服司法高成本的路径之一。但目前在贫困人口最集中、法律援助需求量最大的乡村,法律援助的覆盖面却很小,远远不能满足广大农民的需要。

(三)农村土地纠纷诉讼解决的价值、目标及其实现

如上所述,不论是民事诉讼还是行政诉讼,都是解决土地纠纷的法律机制中最正式、最权威、最规范的方式,最有利于保护当事人的合法权益,保障国家法律的统一实施。

据调查,农村土地纠纷的当事人通过诉讼方式解决纠纷的比例不高,但通过诉讼方式解决农村土地纠纷仍具有独立的重要价值,具体分析前

---

① 张文显:《贫穷和愚昧是实现民主和法治的障碍》,载于光远主编:《换脑筋》,社会科学文献出版社 1993 年版,第 314—315 页。

② 〔英〕弗兰西斯·培根:《培根论人生》,何新译,上海人民出版社 1985 年版,第 104 页。

已述及，在此不予赘述。从前文第一部分所述土地纠纷的主要类型来看，涉及土地所有权的纠纷、收益分配权纠纷、承包经营权纠纷、土地征用纠纷的处理，和解及民间调解等方式有很大的局限性。土地权属问题的可处分性是有限的，因为土地权利是一种很特殊的权利，而和解及民间调解则正是以意思自治、处分自由为基础的，纠纷的性质与纠纷的处理方式存在一定的矛盾。而在收益分配权纠纷、承包经营权纠纷中，村委会常常是冲突主体一方，现行制度下的村委会对集体财产履行所有者职能，对集体财产的管理和集体生产经营活动具有决策权，收益分配和承包经营的决定本身就是村委会作出的，同时村委会又与基层政府有着千丝万缕的联系，因此，不论采取和解、人民调解还是行政裁决的方式解决这些纠纷，其弊端都是显而易见的，很容易置农民一方于不利地位。土地征用补偿纠纷通常也比较复杂，尤其是目前征地费用的二次分配无统一、明确的法律依据，村委会如何将已获得的补偿款落实到有关的村民手上，这本身就是征收补偿纠纷发生的重要原因，很难想象和解、人民调解能合法有效的保障农民一方的权利，并且，土地征收从本质上讲属行政行为，所以将此类纠纷交行政裁决或行政复议，也存在对纠纷解决结果客观、公正的疑问。土地征收的结果，客观上将导致失地农民失去他们仅有的生活资料，关系到生存问题，对此类纠纷的解决必须非常慎重。

对于解决上述各类土地纠纷，诉讼方式具有无可替代的中立性、客观性、正当性、公正性。在一些比较复杂的土地纠纷中，诉讼能够提供诸如财产保全、证据保全、先予执行等技术性支持，从而有效的维护农民一方的土地权利。

但在实践中，目前以诉讼的方式解决土地纠纷的比率不高，这其中既有和解、人民调解及行政途径大量化解纠纷的因素，也有诉讼制度自身在解决农村土地纠纷中面临的严峻问题。如何解决这些问题，克服广大农民利用诉讼程序的障碍，以使诉讼程序的功能最大限度地得以发挥，这是值得我们研究和思考的。

首先，司法权地方化的问题必须引起高度重视，并努力加以解决。这个问题涉及到农村经济体制改革和政治体制改革，将是一个长期、渐进的过程。要保障基层法院特别是基层法院的派出法庭的独立，在具体的工作中与地方政府相分离，才能公正地审理和裁判案件，尤其是在行政诉讼中，司法权如不能独立，行政诉讼的救济功能就会落空。将诉讼程序的正义性展现给农村当事人，有利于树立司法的权威，使农民崇尚法律并愿意利用这个武器。同时，法院应当将队伍建设的工作重心放在基层法院，充实基层法院的审判力量，并提高法官的政治素质和业务素质，做到严格依法办案。

其次，完善现行的诉讼制度。包括：(1) 扩大行政诉讼的受案范围，对于侵犯农民土地权利的行政行为，都应当纳入司法救济的范围。(2) 完善诉讼主体制度，包括扩大行政诉讼原告资格，赋予受行政行为不利影响的人以起诉的权利。完善代表人诉讼制度，以充分利用代表人诉讼制度解决群体性土地纠纷。(3) 完善证据制度。合理分配举证责任，解决农民在承担举证责任方面的困难；扩大法院依申请调查证据的范围，明确申请、调查、质证、复议的程序；审判组织依法行使释明权，保障当事人正确、合理的运用诉讼程序确定自己的诉讼主张和相应的证据体系。(4) 完善审前准备程序，重点解决整理争议焦点、证据交换和和解问题。(5) 完善保全程序，保障判决生效后有财产可供执行。(6) 完善执行程序，重点解决行政诉讼判决的执行难问题，切实保障农民一方的合法权益。

最后，加强法律援助工作，帮助农民克服法律意识和诉讼能力不足以及诉讼的高成本带来的不便。土地权益关系到农民的生存与发展，而农民通常是实体上的弱势群体和诉讼能力较差的一方，不给予重点保护就难以实现真正的公平，不利于维护农村社会的稳定。法律援助需求量最大的地方是农村、农民，而现在法律援助还主要在城市困难人群中进行，因此，法律援助工作应重点向农村覆盖。

从更为宏观的意义上讲，普遍地信赖和使用诉讼方式，还有待于现代法律大规模地进入农村经济和社会生活，这需要经过长期、艰苦的努力。农村土地立法应更好地反映和体现广大农民的利益，国家应当将农民作为农村法治化的主体，通过各种形式（包括诉讼解决土地纠纷的形式）加速法律向农村社会的渗透。没有对农村的法治现代化努力，就不可能有真正意义上的依法治国。

第四章
民事纠纷解决的外部监督

一、民事检察监督的功能定位与制度完善

近年来，民事检察监督问题一直是诉讼法学界以及法制建设中的热门话题。围绕其存废及相关问题，法院、检察院及学术界多方人士不仅充分发表了自己的意见，而且论战也呈现出不多见的热烈。相信不同背景的人肯定会有不同的见解以及对这场争论的评价。在这个问题上，笔者始终认为，一个法治国家必须具有完备的法律监督体系，而民事检察监督因在我国的法律监督体系中具有独到的功能，至少在目前情况下尚无任何一种力量可以替代，因而，贸然将其取消后果难以想象。民事检察监督的存废绝非检、法两家的部门利益问题，这是一个既涉及宪法对国家权力分工、法律监督制度的规定，同时又涉及民事诉讼中公正审判、诉权的保障机制及其实现的重大理论及实践问题。正是由于在民事检察监督实践中存在着种种矛盾、冲突甚至混乱，才促使笔者冷静地从国家权力及其性质、民事检察监督的功能定位等方面重新审视和思索这一问题，并因此而对民事检察监督的未来走向有了更为明确的认识。以民事检察监督的功能定位为中心的分析，理应得出民事检察监督应予完善，民事检察监督的功能应更有效地发挥这一逻辑结论。

（一）民事检察监督的功能定位

根据我国《宪法》的规定，检察机关是国家的法律监督机关，担负着维护法律统一实施的重任。这是我国检察监督制度最重要的功能，民事

检察监督也不例外。

在我国的法律监督体系中，对于法院的民事审判活动，检察监督不是唯一的监督方式，国家权力机关、法院自身以及有关的社会力量都可实施监督，诉讼的双方当事人也可以通过行使诉权的方式，以诉权与审判权的互动作用来制约审判活动。但比较而言，由于民事检察监督建立在具有特殊属性的检察权的基础之上，因而它具有独到的功能。

1. 民事检察监督是专门性监督

根据我国《宪法》、《民事诉讼法》以及有关司法解释的规定，民事检察监督有专门的法律规范为依据。在检察系统内部，有专门的机构和相对固定人员从事这项工作；民事检察监督有专门的监督对象，即它主要监督已经发生法律效力的判决、裁定是否有错误，以及审判人员在审理案件时是否有贪污受贿、徇私舞弊的行为。民事检察监督在立法上、组织机构上、程序上及效果上是有保障的。相比之下，虽然国家机关、社会团体以及媒体也实施了一系列有效的监督，但总体上看，毕竟不是一项专门性监督，因而效果十分有限。其主要原因是，这些监督方式并没有可供依据的、具有可操作性的法律规定，没有专门的监督机构及人员，也没有明确的监督程序，难以保障人大及其他社会力量在监督工作中依法办事。从其实施监督的具体实践看，人大常常是接到当事人的申诉后，向承办案件的法院、业务庭询问，或让承办案件的法官前去汇报，或以会议的方式、以批示的方式要求法院再审纠正错误。这种方法很难保证监督者全面了解情况，缺乏程序保障，人治色彩较重。尤其应该关注和探讨的是，人大对个案的监督在理论上存在立法权与审判权界限混淆的问题，在实践中存在以监督权替代审判权的危险，人大的个案监督越多，就越是会影响人大自身法定职能的发挥，从根本上讲，不利于维护国家的法制。其他社会团体及媒体的民事审判监督也只是其监督范围内很小的一个部分，远非一种专门性监督。

2. 民事检察监督是外部监督

外部监督是相对内部监督而言的。这里的内部监督是指法院系统内部上级法院对下级法院、院庭长和审判委员会对合议庭及独任审判员的审判工作所进行的监督。从本质上说，这种监督是审判机关内部的一种自我监督和自我约束方式，具有直接性、垂直性的特点。内部监督对于及时纠正程序违法和错误，保证审判质量，保障审判过程中对法律的统一适用具有重要意义。但是，任何一种内部监督在缺乏外部监督机制的情况下，其作用都是有限的。尤其必须看到的是，我国的审判工作具有明显的行政化倾向，程序操作有一定程度的封闭性，因此，借监督之名行“先定后审”之实已成为我国司法实践中习以为常的做法。当一个下级法院经请示上级法院作出了判决，该上级法院行使监督权的效果将会如何是不难想象的。内部监督的不足与弊端以及它对司法公正的损害近年来已受到了社会有识之士的批评。

民事检察监督则是一种有力的外部监督，它完全超越于审判权之外，基于宪法赋予的神圣使命，以一种独立、公正的姿态行使法定的监督职能，保障审判活动中法律的统一实施，这种监督手段虽然不像法院的内部监督那样直接、及时，但却有效避免了内部监督固有的缺陷，有着更好的监督效果，也更符合司法公正的要求。

笔者并无全盘否定内部监督之意，相反，在保持内部监督直接性、垂直性、及时性优势的前提下，内部监督应予完善。其主要措施有：废止上级法院对下级法院审判工作的“提前介入”；禁止下级法院就尚未审判的案件的实体问题请示上级法院，理顺上下级法院之间在审判业务上的监督关系；废除院庭长批案制度；改善审判委员会定案制度；同时逐步创造条件实现审判人员独立审判。但是，从目前情况看，法院内部监督机制的完善不是短期内即可完成的，检察监督作为一种有效的外部监督机制，对民事审判活动实行法律监督是司法公正的必然要求，不仅如此，外部监督机制本身就是促进内部监督机制不断改革和完善的动力。

3. 民事检察监督具有法定性与强制性

民事检察监督是一种常规性的监督，它不仅有《宪法》作为依据，更有《民事诉讼法》和司法解释为依据。民事诉讼法律规范为检察机关监督民事审判活动规定了具体的途径、方式和操作程序，使之成为一种经常性、常规性的监督，并且有专门的组织机构和可操作的程序作为保障。相比之下，权力机关及其他社会团体监督民事审判活动没有民事程序法的依据，他们不可能通过正常的诉讼程序进行经常性的及时监督，是诉讼程序之外的监督，它不可能、也不应当成为民事审判监督的主流，而只能是一种非常规性、非程序性的特殊情况下和少数特殊案件的监督，他们不具备民事检察监督所具有的功能。

正是由于民事检察监督具有法定性,因而其监督的后果具有强制性。检察机关认为法院作出的生效判决、裁定确有错误提出抗诉的,法院必须启动再审程序审理此案,并且该法院应当依照民事诉讼法的规定通知检察院派员出席法庭,以保证检察机关对案件的审理实行监督。检察监督的这一功能,在目前我国当事人的私权力量明显不足,难以与审判权形成抗衡而需要救济的情况下,意义尤为重大,在诉权及其保障体系未能健全起来的背景下取消检察监督,需要救济的当事人也不会答应。

综上所述,在我国现有的法律监督体系中,民事检察监督有其独到的功能,尽管其本身还不够完善,但它毕竟是我国唯一由宪法和法律授权的专门性法律监督,是超然于审判机关之外的外部监督,是具有经常性、法定性与强制性的监督。从保障司法公正、维护法制统一的高度认识,同时也是从其独到的功能出发,在目前情况下尚无任何一种力量能够替代它,因此,民事检察监督只能加强和完善,而决不能取消,否则中国的法治建设将为此付出代价。

(二)民事检察监督与相关理论问题探讨

民事检察监督应予加强和完善,是在对民事检察监督的功能分析之后得出的必然结论。但加强和完善并非易事。近年来,一些人主张取消民事检察监督,并且提出了一些理论观点作为理由,所以首先必须针对这些观点进行分析,这是从制度上进一步完善民事检察监督的先决条件。

1. 检察监督与审判独立

有学者提出,民事检察监督会干扰和破坏法院的独立审判权,会动摇法院司法独立的地位。[①] 因此,审判独立应排除包括检察监督在内的外在监督和干预。这一观点几乎成为主张取消检察监督的最重要的理由。保障和实现审判独立是我国司法改革的目标,代表我国法制未来发展的方向,但审判独立决不意味着法官行使审判权可以摆脱任何监督而随心所欲。其实,只要我们对审判独立的含义,现阶段审判独立实现中的障碍以及审判独立与法律监督的关系进行简要的分析,就不会得出检察监督

---

① 参见黄松有:《检察监督与审判独立》,载《法学研究》2000 年第 3 期。

干扰审判独立的结论。

审判独立的内容包括：审判权只能由法院行使，其他机关、社会团体和个人无权行使；法官在审理案件时，独立办案，只服从法律、不受行政机关和立法机关的干预。审判独立同时还意味着审判权自身的属性即中立性、消极性、被动性、统一性、终局性应受到宪法与法律的保障。

从审判独立的内容以及审判独立实现的种种制约因素看，审判权应当由法院独立行使，其他任何机关和个人不得行使，相反，社会各方面应当从立法上、工作上、物质上、制度上充分保障审判权独立行使。但是，独立审判必须依法，审判独立不等于恣意妄为，审判独立不等于排斥一切监督，法律监督也不等于非法干预，否则，我国《宪法》、《人民法院组织法》、《民事诉讼法》就没有必要规定法律监督，也没有必要规定公开审判制度。排斥了所有监督的审判独立并非真正意义上的审判独立，而是十分危险的。正如法国著名的启蒙思想家孟德斯鸠所指出的："一切有权力的人都容易滥用权力，这是万古不易的一条经验。有权力的人们使用权力一直到遇有界限的地方才休止……要防止权力滥用，就必须以权力制约权力。"①将法律监督看作是干扰审判独立的观念，其错误首先是片面强调了独立而忽略了"依法"；其次是对摆脱"依法"滥用审判权而对中国的司法造成信任危机的严重性认识不足；再次是对审判权自身属性的把握不全面、不准确，审判权具有终局性特征，检察机关即使对法院的错误裁判提起抗诉，那也只是启动再审程序，最终的裁判权依然由法院行使，即由再审时重新组成的合议庭作出正确的裁判，检察监督并没有破坏审判权的独立性、完整性和终局性。

肖扬院长概括的干扰审判独立的五个方面的问题，切中时弊，也是十分严重的，我们为什么不能致力于为革除这些弊端作出艰苦的努力，而要极力取消并不干扰审判独立的检察监督呢？在目前我国的法律监督体系并不完善的情况下，贸然取消检察监督，只会导致审判权更加不独立，"依法独立行使审判权"更加没有保证。

2. 检察监督与处分原则

检察监督会破坏民事诉讼基本原则——处分原则的贯彻，会与诉权

① 〔法〕孟德斯鸠著：《论法的精神》（上册），张雁深译，商务印书馆 1961 年版，第 154 页。

发生冲突①,这是主张取消民事检察监督的又一重要理由。无可否认,民事诉讼确实是针对冲突主体之间的私权之争进行的,民事诉讼因此而确立了处分原则。但处分原则并不必然排斥检察监督,可以从以下三个方面分析:第一,民事诉讼虽然解决私权之争,但这一活动本身却是公法性质的,"诉讼并不仅仅是当事人私人之间的事务,即使开始纯粹是私人间的事务,一旦交给法院处理就变成了公共事务。"②民事诉讼因此而区别于人民调解、诉讼外和解等纠纷解决手段。在民事诉讼的进行中,法院是否依法行使审判权,当事人是否依法行使处分权以及当事人行使处分权是否侵犯了他人的合法权益,都有监督的必要。如果当事人之间的纠纷不是请求法院而是以和解等非诉讼手段解决,那么检察监督就确无必要。第二,我国民事诉讼法虽然确定了处分原则,实际上当事人行使处分权却常常受到限制,其根本原因在于审判权过于强大而诉权相对弱小,诉权与审判权远不能形成一种制约或制衡关系。以当事人申请再审为例,实践中许多当事人依照民事诉讼法的规定申请再审,却难以启动再审程序,有些当事人好不容易盼到了再审程序的开始,没想到再审时既未开庭又未被允许陈述自己意见,再审判决就送达了。根据规定,再审后维持原判的案件,当事人再也不能申请再审了。在检察机关收到的申诉中,相当一部分都是出现了上述情况,当事人不得已才找到检察机关,而这正说明当事人诉权及处分权的实现是多么需要检察监督权予以帮助和保障。第三,民事诉讼中处分权的行使不是绝对的,而是应当在法律允许的范围内进行。因此,凡当事人以享有处分权为名损害国家利益和他人合法权益以获得非法利益的,必须给以监督和制约。最典型的即双方串通侵吞国有资产,表面看是双方当事人在行使处分权,实质却是对处分权的曲解和滥用。由于审判权具有被动性、消极性特征,对于滥用处分权的行为有时难以行使监督权,而检察权却由于具有主动性、积极性特征,弥补了审判权的这一不足,从而使民事诉讼法规定的处分原则能够更好地得到贯彻。

3. 检察监督与诉讼的效率

由于检察监督的结果会导致再审程序的开始,使已经发生法律效力

① 参见江平主编:《民事审判方式改革与发展》,中国法制出版社 1998 年版,第 57 页。

② 〔日〕谷口安平:《程序的正义与诉讼》,王亚新、刘荣军译,中国政法大学出版社 1996 年版,第 26 页。

的裁判再次被纳入审判程序,因此被批评为破坏"一事不再理"和二审终审制,违背了诉讼经济原则,影响司法效益。这种观点只看到了事物的一个侧面,而忽略了更为重要的一面。再审程序的设置是各国民事诉讼立法的通例,它不是必经程序,而是一个补救性的纠错程序,只有在特定的情况下才被启动。该程序的设置是以对公正的追求为价值目标的,是为了纠正已生效的裁判存在的错误,保障法院正确行使审判权。检察机关通过行使法律监督权,对错误的生效裁判提出抗诉,这只是发动再审的途径之一,如果检察监督破坏"一事不再理"、二审终审制,影响诉讼效率的话,那么再审程序的设置也就没有必要了,因为法院启动再审、当事人申请再审同样存在这个问题。在具体的程序设置上,公正与效率难免会有冲突,追求公正这一价值目标就意味着对效率价值的牺牲,反之亦然。再审程序就是追求公正的体现,在这一前提下才考虑尽可能合理使用司法资源,使再审程序更加符合效益要求。

要使民事检察监督的功能充分地得到发挥,不仅应澄清在上述问题上的模糊认识,还应当正视民事诉讼目前存在的一些现实问题:首先,民事诉讼当事人所享有的诉讼权利尚缺乏程序保障,使其难以起到保障实体权利的作用;其次,民事诉讼不存在像刑事诉讼那样公检法三机关的分工制约,整个民事诉讼从当事人起诉到法院作出终审判决的全过程,都是由法院操作和控制,没有其他国家权力机关能够对其监督或者制约;最后,对于涉及国家利益、社会利益的带有公益性质的民事诉讼,如何将其纳入诉讼程序寻求法律解决,目前还存在空白,而在强调个人利益本位的资本主义国家,不论是法国模式、德国模式还是英美模式,几乎都有对这类民事案件由检察机关提起诉讼的规定,即使是在奉行绝对处分权主义时期也不例外。[①]对此,无论是从法制建设的宏观层面,还是从完善民事检察监督制度的微观层面,我们都需要认真地进行反思并着手解决。

(三)我国民事检察监督的制度完善

我国目前的民事检察监督制度客观上尚存在一些缺陷,这是制约我国民事检察监督功能得以有效发挥的根本原因。笔者以为,目前存在的

① 参见宋朝武、黄海涛:《外国民事检察制度初探》,载《人民检察》2001 年第 11 期。

主要问题是，第一，民事检察监督的范围不明确。根据《民事诉讼法》第187条的规定，检察机关有权对法院作出的确有错误的判决、裁定提出抗诉，而在民事诉讼中，生效的判决和裁定有很多，是否都属于监督的范围？例如，对法院依特别程序作出的判决，单纯解决诉讼程序问题的裁定可否抗诉？这是在诉讼实践中必须解决问题。第二，检察监督的手段单一，即仅为依审判监督程序抗诉引起再审，对于涉及国家及社会公共利益的民事案件既不能提起诉讼，也不能参与已经开始的诉讼，使审判监督权无法行使。第三，民事检察监督的具体办案程序不健全，立法对于检察机关如何审查、接受并提起抗诉没有作出规定，虽然最高人民检察院制定了民事抗诉案件公开审查程序，但它毕竟未能从程序法上系统地解决全面实行民事检察监督的问题，特别是在再审程序中检察机关的证据调查、发表辩论意见及其效力问题，民事诉讼法均未涉及，使民事检察监督无法可依，影响了监督的效果。此外，基层检察院的同级监督、调解监督、执行监督等问题也均需从立法上加以明确和完善。目前，检察院、人民法院两家在许多问题上看法不一，各自作出一些相互矛盾的司法解释，致使民事检察监督的功能不能有效发挥，其根源就在于民事诉讼法本身的规定不明确、不完善、确乏操作性。因此，笔者认为，国家立法机关必须尽早从立法上完善民事检察监督制度，结束检察院、人民法院两家在这个问题上长期以来存在的矛盾与冲突的局面，使民事检察监督的功能得以有效发挥。

根据法律监督的宪法思想以及民事诉讼自身的特征，笔者认为民事检察监督制度应从以下几方面加以完善：

1. 建立科学的检察监督原则

为保证民事检察监督制度的完善，应确立以下基本原则：

(1) 民事诉讼法的规定与《宪法》及法治精神相一致原则。这一原则是《宪法》作为根本大法效力的体现。它是指民事诉讼法关于检察监督的一般规定和具体规定，必须体现对审判机关及审判人员的审判活动、其他民事司法活动是否合法进行监督的宪法原则和法治精神。

(2) 全面监督与审判权独立行使相适应原则。一方面，全面监督要求检察机关对民事审判活动的各个方面都进行监督，不允许有监督的空白区域。另一方面，法院对民事审判权的独立行使，又是民事审判内在规律和诉讼公正、诉讼法治化的要求。在实行检察监督时要注意遵守法律法规，切实保障审判权的独立行使，检察监督权的行使既要有全面性和有效性，又要有科学性和适度性。

(3) 同级监督原则。对法院的民事审判活动应由同级检察机关实行法律监督，而改变现行民事诉讼中以上一级和最高人民检察院监督的做法，以保证同级，尤其是基层检察机关法律监督权的完整性。

(4) 及时监督原则。要使违法审判行为及其危害性减少，对其及时进行监督和制止是十分必要的。这一原则要求完善监督手段，以克服"事后监督"的不足。

2. 完善民事检察监督职权体系

监督职权体系是监督权的具体化，同时又是实现民事审判检察监督职能的必要手段。只有检察监督权分化为各种具体权利和手段，才能从监督基础上、监督目标上和监督效果上保证检察院对法院民事审判活动的监督。完备有效的检察监督权应包括以下几方面：发现错误权、调卷权和调查权、纠正错误权、抗诉权、起诉权等。

3. 扩大检察机关民事检察监督的内容和范围

人民法院民事审判活动依法可以纳入监督的内容和范围，应当包括以下几方面：

(1) 对具体民事案件的审判活动而言，检察院不但应对裁判结果进行监督，而且要对审判过程中的具体诉讼行为监督。

(2) 从民事检察监督的对象来看，检察院不但要监督法院的民事审判活动，而且要对当事人及其他诉讼参与人的诉讼活动进行必要的监督。这里笔者将监督对象扩充的用意在于排除其他主体的不法行为或不当行为对审判活动的不良影响。也就是说只有当当事人及其他诉讼参与人的行为确已构成对民事司法公正的妨碍时，检察院才可以行使监督权。

(3) 从被监督的案件类型上看，除了要监督第一、二审及再审程序中普通民事案件的诉讼活动，也要对特别程序、公示催告程序及破产程序中的特殊案件的审理活动实行必要的法律监督，并应将法院的民事执行案件纳入法律监督的范围。

二、民事检察监督与民事诉讼法的新近修改

2007年10月第十届全国人大常委会第三十次会议通过了民事诉讼法修正案。该修正案以解决人民群众反映强烈的“申诉难”、“执行难”为重点,对现行《民事诉讼法》第16章审判监督程序、第20—23章执行程序的部分条文作了修订和补充。依照我国《宪法》和我国《民事诉讼法》的规定,检察机关作为国家的法律监督机关,其对民事审判的法律监督主要体现在审判监督程序中。因此,此次民事诉讼法的修改将对民事检察监督尤其是抗诉工作产生重要影响。

(一) 审判监督程序与民事检察监督的定位分析

现行民事诉讼法从两个方面规定了民事检察监督,一是总则中将其作为基本原则加以规定;二是分则中规定检察机关对错误的生效裁判提起抗诉。在审判监督程序中,检察院抗诉与法院依职权再审、当事人申请再审一并作为启动再审程序的途径。这一极具中国特色的规定充分反映了我国诉讼模式的强职权主义色彩。此次民事诉讼法的修改除了在具体程序上做了改进,基本保留了审判监督程序的这一特色。

长期以来,我国民事诉讼中的申诉量一直很大。在实务中出现终审不终、再审无限的现象,当事人不满意,法院也不满意。为此,学术界围绕再审程序的完善进行了广泛而深入的研究,许多学者提出了以当事人为中心重构再审程序的设想及具体建议。[①] 但此次民事诉讼法的修改显然并未接受这种建议。因此,对现行的审判监督程序可作下列定位:

第一,程序的根基仍体现为权力中心主义,即以法院和检察院的审判监督权作为构建该程序的基础。首先,表现在程序的名称并没有改为“再审程序”,而仍沿用“审判监督程序”。现行《民事诉讼法》第16章标题为“审判监督程序”,其内容不仅包括法院和检察院基于审判监督权发动的

① 具体观点可参见江伟:《民事再审程序的价值取向与申请再审程序的完善》,载《法商研究》2006年第4期;李浩:《民事再审程序改造论》,载《法学研究》2000年第5期;章武生:《论民事再审程序的完善》,载《法律科学》2002年第2期;张卫平:《民事再审:基础置换与制度重建》,载《中国法学》2003年第1期。

再审,还包括当事人基于诉权发动的再审。而把当事人申请再审引发的再审程序也称为审判监督程序,显然是不恰当的。此次民事诉讼法修改对此予以保留,正说明了立法机关对审判监督权的坚持和对诉权中心主义的排斥[①];其次,表现在仍保留了法院依职权启动再审的规定,并且在启动再审的条件上仍规定为生效裁判"确有错误"。此次民事诉讼法修改时对当事人申请再审和检察机关抗诉的事由都作了细化的规定,但法院提起再审却是依职权自由裁量,不受《民事诉讼法》第179条的限制,享有超强的职权;再次,表现在保留了检察监督即抗诉的制度,并且对其作了改进。下文将对其分析。

第二,法院和检察院可在当事人没有申请再审的情况下依国家公权力发动再审,说明该程序并非以保护当事人合法权益为价值追求,而是更多的考虑了如何纠正生效裁判的错误,以及维护国家利益和社会公共利益。当生效裁判"确有错误"需要启动再审时,即使与当事人的处分权冲突也在所不惜。这充分说明我国审判监督程序的价值取向与以保护当事人私权为目标的"救济型"的再审程序是不同的。

第三,在程序的构成上,法院、检察院作为公权力主体启动再审和当事人作为私权主体启动再审并存。其中,法院依职权决定再审只要符合生效裁判"确有错误"即可;检察机关根据《民事诉讼法》第179条抗诉,法院应当自收到抗诉书之日起30日内作出再审的裁定,即"有抗必审";而当事人申请再审仍未作为再审之诉来构建。现行民事诉讼法虽增加了当事人申请再审这一发动再审的程序,但并不认为其是一种独立的再审之诉,而是类似于《民事诉讼法(试行)》时的申诉,是法院、检察院发动再审的材料来源之一,只是在申诉的理由、时间等方面具体化了。此次民事诉讼法修改后在再审事由、再审的申请与受理等环节有了进一步改进,但远未成为再审之诉。毕竟,审判监督制度与诉的制度是根本不同的。

上述对审判监督程序的定位,有助于我们对民事检察监督进行定位。民事检察监督是审判监督程序的重要组成部分,对法院作出的生效裁判提起抗诉是监督的法定形式。在审判监督程序中,检察机关作为监督主

---

① 在民事诉讼法修正案(草案)的征求意见过程中,各方面提出了不少改审判监督程序为以诉权为核心的再审程序的意见,但未被采纳。

体的理由及其必要性表现在：(1) 检察机关是我国《宪法》、《检察院组织法》及《民事诉讼法》确定的法律监督机关，作为审判监督程序的主体具有正当性，对错误裁判和审判人员枉法裁判进行监督，符合审判监督程序的价值取向。(2) 当前法院审判工作中存在的问题还比较严重，需要外部监督。最高人民法院前院长肖扬曾指出：司法活动受地方保护主义影响，导致司法权地方化，严重危害社会主义法制的统一和权威；现行法官管理体制造成法官整体素质难以适应审判工作专业化要求，难以实现法院依法独立审判；少数法官受拜金主义、享乐主义、特权主义观念的侵蚀，以权谋私、裁判不公或枉法裁判；审判工作管理行政化，违反了审判工作规律，难以公正、高效处理各类案件；法院特别是基层法院经费困难、装备落后、物资保障不力，制约了审判工作的发展。① 这些问题的存在不仅损害了当事人的合法权益，而且损害了法律的统一实施。(3) 在审判监督程序的制度设计中，当事人的诉权必然不足。案件能否进入再审，必须过法院的审查关。当事人申请再审首先针对的是法院作出的生效裁判，反映了当事人与国家司法权的对抗，“争议的张力直接存在于当事人与法院系统之间”②，由于我国审判监督程序的强职权主义特征突出，同时也由于再审之诉没有建立，当事人的诉权及其保障是存在问题的，检察机关抗诉将有助于为当事人提供保障。事实上，检察机关抗诉的案件绝大多数是应当事人申请提起的。在审判监督程序的制度设计中，由于保持着检察机关抗诉的途径，当事人向法院申请再审无果时转而向检察机关申请抗诉，在一定程度上缓解了当事人“申诉难”的矛盾。

既然此次民事诉讼法修改并没有建立以诉权为中心的再审程序，而是尽可能完善以公权力为中心的审判监督程序，那么检察机关的地位和作用就十分重要。检察机关作为唯一进入诉讼程序的监督主体，其监督权的行使将有利于维护国家法律的统一正确实施，促进司法公正，维护司法权威，保障诉讼当事人的合法权利。

---

① 参见寒风、刘蓓：《最高法院院长访谈录》，载《中国商法》2000 年第 1 期。

② 林越坚：《民事再审制度改革与检察监督权的二元配置》，载《国家检察官学院学报》2006 年第 6 期。

（二）民事抗诉程序的规范和完善

2007年的《民事诉讼法》修改，从以下三个方面规范和完善了检察机关的抗诉程序：

第一，将检察机关的抗诉事由与当事人申请再审的事由及法院审查决定再审立案的标准统一。根据修正前的《民事诉讼法》的规定，当事人申请再审的事由有五项，检察机关抗诉的事由有四项，其中当事人申请再审的事由中“有新的证据，足以推翻原判决、裁定的”不是抗诉的事由，除此之外其他事由相同。本次民事诉讼法修改不仅将“有新的证据，足以推翻原判决、裁定的”作为人民检察院提出抗诉的事由，而且修正后的《民事诉讼法》第179条明确规定了当事人申请再审的事由，共有13种情形，第187条规定有这13种情形之一的，检察机关可以提出抗诉。这样规定统一了标准，也使抗诉的事由更加细化，更具有操作性。

第二，明确了检察机关提出抗诉后法院开始再审程序的时间。修正后的《民事诉讼法》第188条规定：“人民检察院提出抗诉的案件，接受抗诉的人民法院应当自收到抗诉书之日起30日内作出再审的裁定。”这一规定明确了检察机关提出抗诉后法院开始再审程序的时间，解决了长期存在的一些法院接受抗诉后久拖不审的问题，提高了抗诉的效率，也使程序更加规范，使抗诉案件的再审开始程序在期限上有法可依。至于再审程序开始后法院应在多长时间内审理完毕，则应依照《民事诉讼法》第186条第1款的规定，即人民法院按照审判监督程序再审的案件，发生法律效力的判决、裁定是由第一审法院作出的，按照第一审程序审理，所作的判决、裁定，当事人可以上诉；发生法律效力的判决、裁定是由第二审法院作出的，按照第二审程序审理，所作的判决、裁定，是发生法律效力的判决、裁定；上级人民法院按照审判监督程序提审的，按照第二审程序审理，所作的判决、裁定，是发生法律效力的判决、裁定。审结期限分别适用第一审和第二审的审结期限。

第三，明确规定了审理抗诉案件的法院级别。修改前的《民事诉讼法》只规定了抗诉的检察机关的级别，而没有规定审理抗诉案件的法院级别。抗诉实行的是上级抗诉原则，即只有上级检察院才能抗诉下级法院的判决、裁定，检察机关对于同级法院的判决、裁定只能提请上级检察机关抗诉。但是上级检察院抗诉的案件应由哪一级法院来审理，一直无法可依，检察院、人民法院两家存在很大分歧。通常，接受抗诉的法院将其接受的抗诉案件交由下级法院（通常是原审法院）审理，形成“上级抗、下级审”，这一现象在一定程度上影响了抗诉与再审的效果：其一，影响提出抗诉的检察院出庭。修正前的《民事诉讼法》第 188 条规定：“人民检察院提出抗诉的案件，人民法院再审时，应当通知人民检察院派员出席法庭。”再审法院通知提出抗诉的检察院出庭，但是受同级出庭要求的限制，提出抗诉的检察院无法出庭，只能指派下级检察院派员出庭。其二，在上级检察机关直接立案提出抗诉的情况下，受指令出庭的下级检察院对抗诉案件的情况并不了解，出庭时无法有效地履行出庭职责。上级检察机关不能出席下级法院的庭审活动和下级检察机关因不了解案情不能有效地履行出庭职责，都可能导致检察机关不能很好的完成法律赋予的法律监督的职能。

2007 年修正的《民事诉讼法》将原来的第 186 条修改为：“人民检察院提出抗诉的案件，接受抗诉的人民法院应当自收到抗诉书之日起 30 日内作出再审的裁定；有本法第 179 条第 1 款第（1）项至第（5）项规定情形之一的，可以交下一级人民法院再审。”根据这一规定，只有这五种情形的才可以交由下级法院再审，而其他情形的抗诉案件应由上级法院再审。修正后的《民事诉讼法》第 179 条第（1）项至第（5）项规定的情形，均属于认定事实方面的情形，交由下级法院再审具有一定的合理性，而其他情形则为适用法律错误、程序错误或者审判人员在审理该案件时有贪污受贿、徇私舞弊、枉法裁判行为，这些情形则应由上级法院再审。这一修订明晰了标准，避免了不必要的争执，有利于提高抗诉和再审的效果。

除以上三个方面的修改与补充外，关于审判监督程序中抗诉的规定与原有规定并无不同。检察机关有权对法院作出的生效判决、裁定依法提起抗诉，检察院启动抗诉程序是依职权进行的，不以当事人的申诉为前提，这是检察院作为国家法律监督机关的地位所决定的。

（三）尚待研究和解决的问题

虽然此次修正案对抗诉问题作出了上述改进，但总体来讲改进非常有限，力度不够，针对性也不够强，对实践中长期存在的特别是检察院、人民法院两家分歧较大的诸多问题并未涉及和解决，很多老问题在今后的实践中将会依然存在。因此，民事诉讼法的修改虽告一段落，但这些问题仍需研究，待民事诉讼法全面修订时予以解决。

1. 关于民事检察监督的目标和重点

民事诉讼是私权之争，生效裁判是否有错误，一般来说冲突主体最清楚，因此，针对以纠错为目标的再审程序，理应由冲突主体启动，检察机关虽然有权提出抗诉以引起再审，但毕竟与私权主体不同。检察机关作为国家的法律监督机关，民事检察监督的目的主要体现在两个方面：其一，维护国家法律的统一正确实施。“从法的运行过程考察，法律监督是法的运行不可或缺的构成部分，是保证法的实现的贯穿性机制和维护法的统一、权威和尊严的保障性机制。”①在民事诉讼中通过民事诉讼检察监督活动，维护民事实体法和民事诉讼法的统一正确实施。在这一方面，检察机关和审判机关的目的是一致的。特别需要说明的是，民事诉讼检察监督的目的不仅仅在于维护民事诉讼法的统一正确实施，还包括维护民事实体法的统一正确实施。两者不可偏废。其二，促进司法公正，遏制司法腐败。在民事诉讼中，检察机关应重点监督较为严重的违反实体法和程序公正的案件，对法官在审理案件时的贪污受贿、徇私舞弊、枉法裁判的行为进行追究。民事检察监督的这一功能是无可替代的，这也正是检察机关民事抗诉得以保留并发展的重要理由。检察机关应当把民事检察监督的目标和重点放在这两个方面，这比实现个案的公正更重要。

2. 关于抗诉的范围

2007 年修改后的《民事诉讼法》第 14 条规定：“人民检察院有权对民事审判活动实行法律监督”；在审判监督程序中又规定：“检察院对人民法院发生法律效力的判决、裁定可依法提起抗诉。”但这些规定都过于原则，因而在实践中长期以来检察院、人民法院两家存在很大分歧。焦点集中体现在以下方面：

（1）对裁定的抗诉

民事诉讼法原则规定“裁定”属于民事检察监督的范围，但民事诉讼中的裁定种类较多、使用也较为广泛。检察机关一般认为检察监督的范

---

① 张文显主编：《法理学》，高等教育出版社、北京大学出版社 1999 年版，第 316—317 页。

围应当涵盖所有确有错误的裁定,不论裁定所处的诉讼环节。但法院则认为应当对裁定的范围进行限制,应当限定三种可以提出上诉的裁定。最高人民法院以审判委员会的名义先后发布了九项批复、八个单方司法解释,最高人民法院研究室作出了两项答复,其中,共有 14 项涉及不予受理检察机关就裁定提出抗诉的规定,1995 年的《关于执行程序中的裁定的抗诉不予受理的批复》、1996 年的《关于检察机关对先予执行的民事裁定提出抗诉人民法院应当如何审理问题的批复》、1998 年的《关于人民法院发现本院的诉前财产保全裁定和在执行程序中作出的裁定确有错误以及人民检察院对人民法院作出的诉前保全裁定提出抗诉人民法院应当如何处理的批复》等司法解释,明确对检察机关的民事诉讼监督范围进行限制。以批复的形式明确人民法院可以不予受理的其他案件包括:人民检察院对不撤销仲裁裁决的民事裁定提出抗诉的、人民检察院对撤销仲裁裁决的民事裁定提出抗诉的、人民检察院对民事调解书提出抗诉的;人民检察院单独就诉讼费用负担裁定提出抗诉的;在破产程序中人民检察院对人民法院作出的债权人优先受偿的裁定抗诉的;人民检察院提出抗诉按照审判监督程序再审维持原判的民事、经济案件,原人民检察院再次提出抗诉的等。

对此,学者们的看法也见仁见智。有学者认为法院不受理检察机关对先予执行等裁定提出的抗诉并非无依据。[①] 有学者则认为,抗诉监督的目的主要是防止司法不公正的产生,司法不公正可能产生于诉讼的任何阶段,所以,检察监督应当保持一种对各个诉讼环节实行监督的可能。[②] 这个问题本期待由民事诉讼法修改予以解决,但立法机关却未对此作出反应。

民事诉讼中的裁定有十多种,并非所有裁定都有必要抗诉。但是,立法没有进一步明确可以抗诉的裁定种类,直接导致了裁定抗诉范围的模糊,应当予以补充。一般来说,法院处理临时性问题所作的裁定不宜抗诉,检察机关应只能对足以影响诉讼程序的裁定实施抗诉监督,即该裁定应当具有终局性。如何判断裁定是否具有终局性,"一是看该裁定能否允

① 李浩:《民事诉讼检察监督若干问题研究》,载《中国法学》1999 年第 3 期。

② 参见江伟:《检察监督权在民事诉讼中的行使》,载《人民检察》2005 年第 9 期。

许上诉。如果该裁定不允许上诉，则推断具有终局性。二是看裁定是否足以结束正在进行的诉讼程序。对终结诉讼的裁定可以提出抗诉。三是看该裁定的事项是否属于前提性的重大程序事项，如对于管辖权异议的裁定，无论其内容是否具有肯定性，以及是否具有结束诉讼程序的意义，应均可提出抗诉。因为该事项具有前提性意义，尤其是专属管辖更是如此，必须要先行确定，诉讼程序方能继续进行。”[①]对不具有终局性的裁定，如非讼程序中的裁定、执行程序中的某些裁定，不宜抗诉。

（2）对调解的抗诉

在我国，调解被看作法院行使审判权的方式之一，实践中大量的民事诉讼也是通过调解结案的，经调解双方当事人达成协议，法院制作的调解书经签收后具有与生效的判决书、裁定书同等的法律效力。从理论上讲，调解活动应当纳入检察机关的监督范围。但最高人民法院法释[1999]4号规定：“人民检察院对调解书提出抗诉的，人民法院不予受理。”近年来，在构建和谐社会的背景下，最高人民法院提出了“能调则调、当判则判、调判结合、案结事了”的新“十六字方针”，以期快速解决纠纷、化解社会矛盾。然而，在实践中，有的法院又开始一味追求调解结案率，出台种种激励措施提高调解结案数量，导致有的审判人员忽视调解的合法性、自愿性要求。违反自愿、合法原则强制或者变相强制调解、调解内容违反法律强制性规定、损害社会公共利益的调解客观存在。显然，将调解绝对地置于检察机关法律监督之外，不利于实现司法公平正义，不利于国家、社会公共利益的保护，也与我国法院调解的性质不相符合。但鉴于调解与判决毕竟特点不同，检察机关对违反法律的强制性规定、损害国家、社会公共利益的调解提出抗诉也应设定不同的条件，处理好与当事人申请再审的关系。

（3）对执行的监督

长期以来围绕执行监督的争论不绝于耳，法院、检察院持两种截然相反的主张。对于在执行程序中作出的裁定，最高人民法院明确规定检察机关不能抗诉；而检察机关则认为法院的执行活动很有监督的必要。客

---

① 汤维建：《建立民事抗诉制约机制应当遵循的若干原则》，载《检察日报》2007年5月18日。

观上有些法院严重不负责任，不履行法定执行职责，不依法采取强制执行措施，或者违法执行、违法采取强制执行措施，致使当事人或者其他人的利益遭受重大损失。“执行难”、“执行乱”现象的大量存在，致使不少当事人向检察机关反映执行组织的种种违法行为，请求检察院进行监督，但由于立法本身不明确，检察机关无法监督。这一立法空白不仅导致执行程序缺乏监督，也导致当事人及社会的不满。但对执行程序如何监督、监督的具体对象、监督的方式与程序等，此次民事诉讼法修改完全没有涉及。对这个问题还需充分论证与精心设计。

3. 关于抗诉程序中的证据问题

由于法院生效判决可因证据缺乏、伪造等证据方面的原因成为当事人申请再审和检察机关抗诉的事由，那么，检察机关在抗诉的过程中能否对法院已经认定的事实重新调查取证？能否依此提出抗诉意见？如果不能，将会影响其行使监督职能；如果能重新调查取证，则是否属于最高人民法院《关于民事诉讼证据的若干规定》第44条规定的“新证据”？该第44条本来是针对当事人所作的规定，能否适用于实施法律监督的检察机关？证据问题关系到抗诉的效果以及法院对再审案件的处理，民事诉讼法应当对此作出明确的规定。

4. 关于抗诉的具体程序问题

抗诉程序启动后，检察机关在诉讼程序中的地位、与实体权利主体的关系、抗诉的次数等这些实践中长期存在的需要解决的问题，民事诉讼法修改仍未解决。可以肯定，检察院与人民法院的分歧还会继续下去，并且必然影响检察监督的效果。

（四）余论

2007年《民事诉讼法》修改以“着力解决人民群众反映强烈的申诉难和执行难”为由，仅对审判监督程序和执行程序的部分条文作了修改和补充。如此修改不仅存在与整体不协调的问题，而且即使是“重点修改”的这两个部分仍显得过于简单，仍需依赖司法解释才能操作。尤其是，在民事检察监督问题上，检察院、人民法院两家的分歧仍未解决。根据1981年全国人大常委会通过的《关于加强法律解释工作的决议》的规定，凡属法院审判工作和检察院检察工作中具体应用法律、法令的问题，分别由最高人民法院和最高人民检察院进行解释，两院解释如有原则分歧，应当报请全国人大常委会解释或决定。这些年来，不知最高人民法院和最高人民检察院是没有将分歧上报，还是上报了全国人大常委会没予理睬。但无论如何，本次民事诉讼法修改应当是一个契机，对于这些问题仍然不予以彻底解决，那就只能留待民事诉讼法全面修改时解决了。而民事检察监督，仍将在分歧和争议中艰难进行。

三、优化我国仲裁监督模式的初步思考

（一）仲裁监督的必要性与适度性

仲裁是纠纷当事人在自愿基础上达成仲裁协议，将纠纷提交仲裁机构予以解决的制度。仲裁程序和诉讼程序一样，都是排解纠纷的重要方式，二者在一国司法制度中各具特点，各自独立又存在联系。从仲裁制度看，它既有合同因素又有司法因素，基于合同因素，仲裁以建立于当事人意思自治权基础上的协议仲裁制度为特征；基于司法因素，仲裁又建立了一裁终局的制度，并因此而成为与司法审判方式并行的司法外解决争议的最高形式。仲裁制度具有灵活、快捷、经济等审判所无法比拟的优势，但仲裁的本质属性决定了若要保持仲裁经久不衰的生命力，离不开司法对仲裁的监督。

司法对仲裁监督的必要性主要表现在两个方面：第一，仲裁的本质属性是契约性，仲裁庭的权力来自于当事人之间通过仲裁协议的授权，而不是源于国家的司法主权，由于仲裁机构的民间性、当事人意思自治对仲裁程序的主导作用等因素，使得仲裁机关不可能拥有司法机关所拥有的强制性权力，仲裁机关的裁决也不可能完全符合公共秩序，但仲裁作为国家的一种纠纷解决方式，其裁决结果仍不得偏离公正这一基本轨道，因此，司法监督十分必要。第二，仲裁实行一裁终局，即使仲裁结果或仲裁程序错误也具有法律效力，当事人援用仲裁程序将无法获得救济。从仲裁权的角度看，它虽然产生于当事人的契约性授权，但一旦授权，便得到了国家的认可，仲裁员可以作出有法律约束力的裁决，当事人不得以已经让渡了的权利对仲裁员进行制约，因此，由法院运用国家司法权对其进行合理

的制约与监督是十分必要的。

为了有效的维护和实现当事人的合法权益，实现仲裁公正与效益的双重价值目标，充分发挥其解决社会纠纷的功能，对仲裁进行司法监督是必要的，但是，鉴于仲裁的民间性和契约性，并不是司法对仲裁的监督越多越好，相反，对仲裁过多的监督同没有监督一样百弊丛生。① 从根本上讲，过度的司法监督会妨碍仲裁优势的发挥。和诉讼相比，仲裁具有自主性、民间性、经济性、保密性、专业性和国际性等特点，仲裁所具有的这些特点和优势，正是仲裁这种纠纷解决机制赖以存在的基础。如果法院过度地介入仲裁，仲裁的上述优势要么不复存在，要么大受减损，仲裁将演变成另外一套司法程序，成为诉讼程序的翻版，这样既遏止了仲裁的优势，又浪费了宝贵的司法资源。因此，司法监督必须适度。

适度的司法监督应该在充分尊重当事人的自主意愿，确保仲裁的民间性和仲裁优势的基础上进行，具体来讲应遵循以下几个原则：第一，承认仲裁裁决的终局性，在程序的设计上保障“或裁或审，一裁终局”，以避免仲裁成为诉讼程序的附属程序。第二，充分尊重当事人的意愿，法院行使监督权介入仲裁，原则上以当事人申请为前提，不告不理，不得擅自扩大监督的范围。第三，尊重仲裁自身的发展规律，不断吸取和总结好的经验，协调好仲裁与司法监督的关系，并尽可能的与国际惯例接轨。

（二）仲裁监督的基本模式

在仲裁监督的原则确定之后，监督模式的选择也很重要。仲裁监督是建立在司法审查的基础之上的。根据司法审查的范围不同，理论界将司法审查分为“全面司法审查”和“程序司法审查”两种基本模式。

1. 全面司法审查

这一观点认为，对国内仲裁和涉外仲裁应实行统一的审查标准，对仲裁裁决实行程序运作和实体内容的全面司法审查。其理由是：第一，对国内仲裁和涉外仲裁实行“分轨”式的司法审查不是世界各国的通行作法。所谓“分轨”是指对涉外仲裁只审查程序问题，而对国内仲裁既审查程序

---

① 参见汪祖兴：《浅谈仲裁的公正性——见论中国的仲裁监督机制与国际惯例的接轨》，载《仲裁与法律通讯》1998 年第 2 期。

问题又审查实体问题。鉴于许多国家早已废除了“分轨”制，故对仲裁一律实行全面审查，1985 年的《国际商事仲裁示范法》对仲裁监督机制作了相应的规定，即一个国家的法院对在本国境内作出的一切仲裁裁决实行审查时，不分其为国内仲裁和涉外仲裁，一律采取同样的审查标准和同样的补救措施。① 第二，在公平和效益的价值选择上，公平应优于效益。裁决的终局性与公正性、合法性相比，终局性是属于第二位的，应服从于公正性与合法性。如果法院只审查裁决的程序运作，而不审查裁决的实体内容，就无法纠正错误的裁决，当事人无从寻求救济程序保护自己，仲裁监督也就无法实现。因此，应当采用统一进行全面审查的监督模式。

2. *程序司法审查*

这种观点认为，法院对仲裁的司法审查只能限于仲裁是否依照法定程序进行，而不应对实体问题进行审查。其理由是：第一，缩小法院对仲裁的司法审查范围，弱化法院对仲裁的监督是世界各国普遍的作法。第二，法院对仲裁的监督问题实质上是如何处理仲裁裁决的终局性与司法审查权之间的关系，认为法律应对当事人谋求仲裁终局性的合理期望予以尊重和确认，各国的立法任务，就是要在尊重当事人的意思自治与适当的司法监督之间寻求平衡。如果我国法律允许法院对仲裁进行实质审查，无异于使仲裁程序从属于法院的诉讼程序，不利于维护仲裁裁决的终局性。②

但是，关于对国内仲裁和涉外仲裁是否实行“内外有别”的监督标准和范围，程序论者的看法不尽一致，一些学者认为，对国内仲裁的审查标准应高于涉外仲裁，即对国内仲裁可进行有限的实体审查。理由是：第一，与国内仲裁相比，涉外仲裁的契约因素占主导地位，并且与国内的公共利益联系不是很密切，而对国内仲裁则与之相反。因此，许多现代国家的国内法赋予涉外仲裁免于司法干预的自由，使之在发展涉外仲裁制度中发挥积极作用。③ 第二，目前我国国内仲裁机构还未发育成熟，为防止

① 参见陈安：《论中国涉外仲裁的监督机制及其与国际惯例的接轨》，载《国际经济法论丛》第 2 卷，法律出版社 1999 年版，第 130—198 页。

② 参见肖永平：《也谈我国法院对仲裁监督机制之我见》，载《法学评论》1998 年第 1 期。

③ 参见肖永平：《内国、涉外仲裁监督机制之我见》，载《中国社会科学》1998 年第 2 期。

仲裁员滥用权力，确保仲裁公正，现行“内外有别”的仲裁监督机制符合我国实际，在现阶段是完全必要的。① 另一些学者则认为，国内仲裁裁决和涉外仲裁裁决在性质上均属于中国裁决，并无本质上的差异，人为地将两者区别对待，不仅有损于法律的统一，而且可能导致适用上的混乱，这在国际仲裁立法中也是罕见的。②

笔者基本赞同程序司法审查，但同时认为，对我国国内仲裁和涉外仲裁应实行同等的司法审查，即对国内仲裁也应只审查程序问题，取消《仲裁法》对国内仲裁实行程序和实体全面审查的规定。因为，第一，对国内仲裁和涉外仲裁实行同等的对待是世界各国的普遍作法。在总结世界各国仲裁立法基础上制定的，并为各国普遍借鉴的 1985 年《国际商事仲裁示范法》对此也做了相应的规定，即一个国家的管辖法院对于在本国境内作出的一切仲裁裁决实行审查和监督时，不分其为国内仲裁或是涉外仲裁，都采取同样的审定标准和同样的补救措施。第二，《仲裁法》中已明确规定了仲裁当事人的地位一律平等，享有平等地位的当事人在仲裁中应得到同样的对待。并且，我国的国内仲裁机构除了受理国内仲裁案件外，依法可以受理涉外仲裁案件③，因此，以我国国内仲裁机构未发育成熟为由，主张对国内仲裁实行全面审查是不能成立的。

（三）司法审查范围的确定及仲裁监督模式的选择

司法审查模式的核心在于法院对仲裁裁决司法审查的范围，而争议的焦点又集中在法院能否可以对仲裁裁决的实体问题进行司法审查。前文已阐述了这样的观点，即过度的司法审查会导致对仲裁裁决终局性的威胁，允许法院对仲裁裁决进行全面审查，会导致仲裁的民间性和契约性受到毁损，当事人的自主意愿受到严格限制，仲裁制度的优势得不到有效发挥，仲裁的效益价值难以实现。更有甚者，一些当事人滥用诉权，将申请法院对仲裁裁决进行实体审查作为拖延仲裁的手段，导致另一方当事人无端卷入诉讼程序而蒙受损失。这样仲裁完全沦为了诉讼程序的附属

---

① 参见郭晓文：《论仲裁法对我国仲裁制度的改革》，载《仲裁与法律通讯》1995 年第 3 期。
② 参见温树斌：《论国际仲裁中法院的作用》，载《河北法学》1998 年第 2 期。
③ 参见《仲裁法律使用手册》，中国政法大学出版社 1997 年版，第 86 页。

程序,失去了其作为司法体系外排解民商事纠纷重要制度的本质特征。鉴于此,各国已基本上抛弃了过度的司法审查和监督的做法。适度的仲裁监督承认仲裁裁决的终局性,尊重当事人的自主意愿,致力于最有效地发挥仲裁制度的优势。正因为如此,程序司法审查已成为世界各国仲裁立法和实践的普遍作法。

在确定司法审查范围时还应明确以下两个问题:

第一,正确认识和理解国际上仲裁立法的趋势。对于法院司法审查的范围的问题,一些国家的仲裁立法中曾经规定法院有权进行实体审查,此类国家的典型代表英国和美国对仲裁制度进行了许多重大改革,逐步缩小了法院对仲裁裁决的审查范围。英国在其1979年《仲裁法》第3条中规定当事人有权事先订立排除就仲裁裁决向法院上诉的协议的基础上,1996年《仲裁法》虽然还规定当事人可就仲裁裁决的法律问题向法院上诉,但须取得其他当事人的同意和法院的许可,并要用尽仲裁中的救济方法。另外,美国联邦上诉法院第六巡回审判庭在1995年6月对乔治·费谢铸造有限公司诉阿道夫·荷廷根机械有限公司一案中作出裁定,在"公共秩序"方面对仲裁进行实体审查的限制。在国际法立法方面,《承认及执行外国仲裁裁决公约》和1985年的《国际商事仲裁示范法》都承认仲裁裁决的终局性,法院在执行裁决时,只审查程序上的自然正义问题,而不对裁决的是非曲直进行司法复审。所以从国际仲裁的发展趋势来看,法院对仲裁的干预趋向减少。此外,还应正确理解"公共秩序保留"。"公共秩序"一词是大陆法系的用语,《承认并执行外国仲裁裁决公约》使用了英美法系所惯用的"公共政策"一词,在我国的法律术语中,则使用"社会公共利益"或"社会公共政策"。这些词通常指的是一个国家的重大利益、重大社会利益、基本法律原则和基本道德规范。尽管从总体意义上看,在仲裁立法中规定公共秩序保留是授权法院对仲裁裁决作实体方面的审查,但是这种审查不能等同与一般的实体内容的审查,应当侧重于审查裁决是否违背国家和社会的重大利益,而不是当事人的个别利益或小集团利益。①

第二,应正确理解仲裁的公正性。公正是人类千百年来追求的永恒

---

① 参见黄进等著:《仲裁法学》,中国政法大学出版社1999年版,第210页。

的价值目标和理想。从亚里士多德以来，通过一定的过程实现什么样的结果才合乎公正，一直是正义理论的中心问题。长期以来我们的立法者和学者在讨论什么是公正时，往往强调实体公正，而忽略了程序公正，只要结果正确，过程、方式或程序怎样都不重要。由于人类认识能力和实践能力的局限性，什么是实体公正也不是泾渭分明的，这时，如果在方法和过程上已尽了最大努力，但仍不能确定实体是否公正，假定某个结果合乎公正就是一种不得已但又必要的妥协。因此，程序的价值就是很重要的。同时，在日常生活中，精密地衡量结果是否合乎公正的手段不易获得；再者，按理说人们可以通过无数次的反复实践来正确认识客观世界，但作为解决纠纷的仲裁不同于一般的认识活动，不能为了所谓的结果公正使审理活动无数次地、无休止地进行下去，它要求纠纷在合理的时间内得到解决，以确定当事人的权利和义务，维护社会关系的和谐与稳定。因此，在纠纷解决的过程中，人们只能采取只要通过一定理性的程序就推定其结果是公正的作法，也即，只要严格遵守正当程序，结果就被视为合乎公正的。

仲裁的公正包括仲裁程序的公正和仲裁结果的公正两个方面的内容。由于结果公正难以衡量，因此只要严格遵守当事人意思自治原则，依照当事人同意或选择的仲裁规则行事，当事人得到了平等的对待，获得了充分的机会表达意见、提出证据，并由当事人信任的中立的仲裁员进行慎重的审理，其仲裁结果就应被视为是公正的。

“人类所从事的任何社会活动都必须遵循经济性的原则，即力求以最小的消耗取得最大的效果。”①仲裁当事人之所以选择仲裁来解决他们之间的纠纷，而放弃更能实现结果公正和更具权威性的诉讼程序，就是因为诉讼程序不如仲裁程序经济。当事人认为其可以从仲裁中获取比诉讼更大的潜在效益，法律应充分尊重和确认当事人的这种选择和期望。因此，法院对仲裁的司法审查应当是有限的，司法审查只能审查、监督仲裁机关是否遵循了自己的“承诺”，是否严格按照当事人选择的仲裁规则行事。

具体到法院对仲裁裁决的态度上，法院只能在法律规定的范围内活

① 胡卫星：《论法律的经济性》，载《中国法学》1992 年第 3 期。

动，必须尊重仲裁机关的职能及其专门知识和经验。司法职能和仲裁职能各有其自身的特点和任务，不能相互代替，法院不能妨碍仲裁效率的发挥，在实施司法审查时，法官的信仰、知识结构和对案件事实、法律适用的理解可能与仲裁员不同，法官不能由于不赞同仲裁员的决定而撤销或不执行仲裁裁决，对于仲裁员依照当事人选择的仲裁规则合法、正当行使权力，不论法院是否赞同，都应当遵从。只有这样，仲裁当事人想通过仲裁解决纠纷来维护自己的正当利益的选择和追求自身利益最大化的期望才能得以实现。

法院对仲裁的司法审查应当尊重当事人和维护仲裁的效益性，"无论审判能够怎样完美地实现正义，如果付出的代价过于高昂，则人们往往只能放弃通过审判来实现正义的希望。或许也能说正义的实现是国家或社会的使命，所以无论如何花钱也必然在所不惜，但是作为实际问题，实在是花费高昂的审判，与其他有紧迫性和有限性的任务相比较，结果仍然是不能容许的。"①诉讼如此，仲裁的司法审查也是如此。

（四）我国仲裁监督的立法完善

我国《民事诉讼法》和《仲裁法》对仲裁裁决的审查和监督作出了明确规定，其主要内容有：

1. 对国内仲裁的监督

法院对国内仲裁裁决撤消的法定情形有：(1) 没有仲裁协议的；(2) 裁决的事项不属于仲裁协议的范围或仲裁委员会无权仲裁的；(3) 仲裁庭的组成或仲裁的程序违反法律规定的；(4) 裁决所依据的证据是伪造的；(5) 对方当事人隐瞒了足以影响公正裁决的证据的；(6) 仲裁员在仲裁该案件时有索贿受贿，徇私舞弊，枉法裁判行为的。而不予执行仲裁裁决的法定情形除了前述的(1)、(2)、(3)、(6)项外，还有更严格的法定条件：认定事实的主要证据不足的或者适用法律确有错误的。也就是说，法院审查撤消国内仲裁裁决申请的范围限于程序问题和所依据的主要证据，而审查不予执行的范围既包括程序问题、证据问题，还包括

① 〔日〕棚濑孝雄：《纠纷的解决与审判制度》，王亚新译，中国政法大学出版社 1994 年版，第 266 页。

实体问题(法律适用)。

2. 对涉外仲裁裁决的司法审查

根据《仲裁法》第70条的规定,当事人提出证据证明涉外仲裁裁决有《民事诉讼法》第258条第1款规定情形之一的,法院可以裁定撤消涉外仲裁裁决:(1)当事人在合同中没有仲裁条款或者事后没有达成书面仲裁协议的;(2)被申请人没有得到指定的仲裁员或者进行仲裁程序的通知的,或者由于其他不属于被申请人负责的原因未能陈述意见的;(3)仲裁庭的组成或者仲裁程序与规则不符的;(4)裁决的事项不属于仲裁协议的范围或者仲裁机构无权仲裁的。而不予执行的法定情形除了上述四项外,又增加了一条,即"仲裁裁决违背社会公共利益的"。

3. 对外国仲裁裁决的司法审查

对外国仲裁裁决,我国法律并没有规定撤消程序,法院是不能以撤消仲裁裁决的方式来否定外国仲裁裁决的法律效力的,而只能采取不能执行裁决的方式。法院对外国仲裁裁决的不予执行依照我国缔结和参加的国际条约,或者按照互惠原则办理。

我国对涉外仲裁裁决的司法审查是符合国际潮流和趋势的,也表明了我国信守国际条约的一贯立场,保持了与国际立法惯例的接轨,即法院对涉外仲裁裁决的司法审查仅限于程序运作。而法院对国内仲裁裁决司法审查的范围,则明显过宽,既涉及程序问题又涉及实体内容,这与国际大趋势是不相符的。

毋庸置疑,改变我国法院对仲裁特别是国内仲裁过多监督的作法,赋予仲裁在其程序和裁决效力等方面所应有的权威和地位,这既符合当事人对仲裁的要求和利益,也是中国仲裁立法与发达国家仲裁立法的先进经验和国际惯例相接轨的需要,更是中国仲裁走向国际化和现代化的需要。

第五章
民事纠纷解决的相关问题

一、非讼程序的理论思考与立法完善

（一）非讼程序的概念与分类

非讼程序是法院用以解决民事非讼案件所适用的审判程序，它是民事审判程序的重要组成部分。

法院依照民事诉讼法处理的民事案件，在性质上可区分为诉讼案件和非讼案件两大类，诉讼案件是指双方当事人对于诉讼标的存在民事权益争议并请求法院予以裁判的案件；非讼案件则是指利害关系人或起诉人在没有民事权益争议的情况下，请求法院确认某种事实和权利是否存在，从而引起一定的民事法律关系发生、变更或消灭的案件。由于案件的性质不同，法院行使审判权的前提及目的不同，因而程序的具体设置也就必然不同。诉讼案件与非讼案件的客观存在，是诉讼程序与非讼程序设立的客观基础，法院处理诉讼案件适用通常诉讼程序，处理非讼案件则适用非讼程序。

从民事诉讼立法上考察，非讼程序这个概念在不同国家、不同时期的立法上其内涵及适用范围是不同的。1932 年公布的民国政府《民事诉讼法》中，第五编“特别诉讼程序”规定了非讼程序，其内容包括督促程序、保全程序、公示催告程序和人事诉讼程序，其中人事诉讼程序又包括了婚姻案件程序、亲子关系案件程序、禁治产程序、宣告死亡案件程序等。新中国成立后的第一部民事诉讼法即《民事诉讼法（试行）》第 12 章规定了特别程序，专门用于解决非讼案件，其包括了审理选民名单案件、宣告失踪人死亡案件、认定公民无行为能力案件、认定财产无主案件的程序。而1991年4月9日颁布的《民事诉讼法》在此基础上，又在特别程序一章中增加了审理宣告公民失踪案件、认定公民限制行为能力案件的程序。同时，在特别程序之外，新增加的督促程序、公示催告程序、企业法人破产还债程序实际上也属于非讼程序。现行的日本《民事诉讼法》在“特别诉讼程序”一章中，则规定了大规模诉讼程序、简易法院诉讼程序、票据、支票诉讼程序、小额诉讼程序、督促程序。[①]

从理论上科学界定非讼程序，应当确立两个基本前提，首先，非讼程序是相对于诉讼程序而言的，它是民事审判程序的一种，诉讼程序与非讼程序是民事审判程序的基本分类。[②] 因此，非讼程序具有作为民事审判程序的一般属性，即法院通过行使审判权对申请人提出的非讼请求作出裁判。其次，非讼程序的设置，体现了程序设置与解决民事案件需要的适应性，它与通常诉讼程序都有着各自通过法院审判所要解决的问题，为此非讼程序具有自身所特有的审理对象、原理、规则等特殊的属性。非讼程序的一般属性，决定了它作为民事审判程序所处理的案件，是由民事实体法调整的社会关系所引起的，即该法律关系具有“民事性”，并应与人身权、财产权有关。非讼程序的特殊属性使其有足够的理由在民事审判程序中独立存在并发挥其独特的功能，而决定非讼程序这种特殊属性的根本原因，在于它所处理的民事案件的非讼性质。

我国的民事审判方式改革已走过了十几个春秋，回顾改革的具体内容，民事诉讼程序从理念、原则到具体制度都或多或少地受到了触动，近十年来相关的司法解释无不记载下了这些改革的成果。然而，与此十分不相称的是，作为民事审判程序重要组成部分的非讼程序却始终远离改革，非讼程序的理论和立法也明显落后于诉讼程序。市场经济对民事案件种类、数量、性质的影响是全面的，只关注诉讼案件和诉讼程序，忽视非讼案件和非讼程序，势必会影响司法解决民事案件的功能的整体发挥。

（二）非讼程序的适用范围

世界各国的民事诉讼法一般都有非讼程序，以审理一些特殊类型

① 参见〔日〕中村英郎：《新民事诉讼法讲义》，陈刚译，法律出版社2001年版，第11页。
② 参见江伟主编：《民事诉讼法学原理》，中国人民大学出版社1999年版，第713页。

的案件。但在非讼程序的适用范围方面却有较大的差异。世界各国的民事诉讼法，一般都把认定公民失踪和宣告失踪人死亡、认定公民行为能力受限或无行为能力、认定财产无主等案件，列入非讼程序的适用范围。此外，有些国家的民事诉讼法将丢失不记名凭证的复权（公示催告程序）、对遗嘱文件的验证、对死者或无行为能力的人财产的管理、婚姻亲子关系案件等也列入适用非讼程序的范围。总之，外国民事诉讼法中非讼程序的适用范围是比较广泛的。①

根据以上对非讼案件和非讼程序概念的界定，我国现行民事诉讼立法上符合这一特征的程序包括《民事诉讼法》第15章、第17章至第18章规定的特别程序、督促程序、公示催告程序。

《民事诉讼法》第15章规定的特别程序，是传统的、典型的非讼程序，从理论上讲是狭义的非讼程序。适用该程序的案件包括：选民资格案件；宣告公民失踪、死亡案件；认定公民无行为能力、限制行为能力案件；认定财产无主案件。其中选民资格案件并非严格意义上的非讼案件，首先，它不具有"民事性"，涉及的不是公民的人身权、财产权，而是选民的选举资格以及正常的选取秩序；其次，选民资格案件因具备双方当事人（即起诉人与选举委员会）而不具备非讼案件的基本特征，因此民事诉讼法虽将其规定在特别程序中，只是立法技术的需要，而缺乏理论上的合理性与科学性，这种公法性质的纠纷应单列出去。其他几类非讼案件为典型的非讼案件，符合非讼案件的特征，应当适用特别程序审理。

1991年《民事诉讼法》新增设的督促程序、公示催告程序、企业法人破产还债程序，是市场经济发展和民事诉讼制度与之相适应的产物，是完善诉讼制度以丰富解决民事案件手段及途径的体现，被称为现代的非讼程序；从其适用范围及理论上表述，应为广义的非讼程序。这些程序由于其适用于解决案件的非讼性，与之相适应的程序也带有明显的非讼性。督促程序以债权债务关系不存在争议为假设前提，规定债权人可以依法申请法院向债务人发出支付令，如果债务人在法定期限内不提出异议，支付令即可产生与生效判决同等的法律效力。反之，如果债务人对支付令提出了有效异议，"债权债务关系不存在争议"的假设前提便不复存在，

---

① 参见王强义：《民事诉讼特别程序研究》，中国政法大学出版社1993年版，第13—14页。

案件的非讼性质便转化为诉讼性质，债权人和债务人若要继续请求法院解决他们之间的债权债务关系，就只能通过诉讼程序解决。公示催告程序是票据的最后持有人在票据被盗、遗失或灭失后，通过申请法院公示催告、宣告票据无效并恢复票据权利的程序。该程序不具备双方当事人、没有民事权益之争，将程序建立在对票据权利没有争议的基础上，如果有利害关系人在公示催告期间申报权利并提出了与申请人对立的主张，公示催告程序便告终结，票据纠纷的双方要解决争议，就只能提起通常诉讼程序请求法院解决。企业法人破产还债程序也具有明显的非讼性，它是国家解决特殊债权债务关系的特殊手段，这一程序并不对债权人与债务人之间债权债务关系作出审理和裁判，不解决债权债务纠纷，而是以债权债务关系不存在争议为假设前提，以清算破产企业财产来偿还全体债权人的债权为目的。在这个过程中，为保障全体债权人公平受偿，解决个别债权人与破产企业之间民事纠纷的诉讼程序、保全程序、执行程序必须终止，体现出明显的非讼性。

根据我国民事诉讼法现有的规定，我国非讼程序的适用范围比较有限，与客观的现实需要存在一定的差距。非讼程序与诉讼程序相比，在解决民事案件上有其独到的功能，非讼性质的案件以及可以用非讼程序解决的案件适用非讼程序处理，不仅符合程序的设置与案件解决相适应的诉讼原理，而且也能够保障公正与效益价值目标的实现。在我国司法实践中，还有一些类似于上述立法上规定的非讼案件未列入非讼程序的适用范围，例如，指定和撤销监护案件、商事性质的非讼案件等。目前对这些案件的处理要么比照《民事诉讼法》第 15 章规定的特别程序解决，要么仍适用通常诉讼程序解决，既缺乏法律依据，也未能很好的发挥非讼程序的功能，甚至使我国的民事审判程序呈现出某种不协调，这些都还有待于从理论上深入研究，从立法上加以完善。

（三）我国立法上非讼程序的共同规则

依非讼程序审理的非讼案件，不是解决民事权利义务争议，也不具备对立的双方当事人，利害关系人与起诉人启动程序的目的，是确认某种法律事实是否存在，确认某种权利的实际状态。针对非讼案件的这些特点《民事诉讼法》除规定了每一种非讼案件的审理程序外，还规定了一些共

同规则,这些规则主要是:

1. 优先适用非讼程序

非讼程序是相对于通常诉讼程序而言的,我国的非讼程序是对法院审理各种非讼案件所适用的程序的总和,不同的非讼案件适用的具体程序也不同。可见,非讼程序具有“特别法”的性质,应当优先适用,只有在非讼程序没有规定的情况下,才适用《民事诉讼法》的其他规定,例如回避、期间、期日、送达的规定。这一规则同时意味着,法院在适用非讼程序审理非讼案件的过程中,如发现有民事权益争议,应当裁定终结非讼程序,并告知利害关系人另行起诉。《民事诉讼法》第160条、第162条等条文对此作出了明确规定。

2. 审判组织适用非讼规定

按照非讼程序审理案件,审判组织原则上采用独任制,只有选民资格案件和重大疑难的非讼案件,在法律有明文规定的情况下,才由审判员组成合议庭进行审理。这是因为非讼案件一般比较简单,请求解决的事项单一,有关法律规定了较为明确的条件及处理原则,法官依此审理和裁判的难度不大,独任制一般能够保证办案质量。

3. 非讼程序实行一审终审

按照非讼程序审理案件,实行一审终审,判决书一经送达,立即发生法律效力,申请人或起诉人不得提起上诉。不论哪一种非讼案件的审理程序,均未设置上诉审,正是案件的非讼性质决定的,判决依申请人的申请作出,无需为此再设置上诉程序,如果在程序进行中出现了与申请人持对立主张的人,那么非讼程序通常要终结,然后按通常诉讼程序解决双方当事人之间的争执。

4. 案件审结期限较短

按照非讼程序审理案件,审理期限一般较短。根据现有法律的规定,除企业法人破产还债程序外,人民法院审理其他非讼案件的期限都较短,例如,选民资格案件,必须在选举日前审结;宣告公民失踪、死亡等非讼案件,应当自立案之日起1个月内或者公告期满后1个月内审结。督促程序更是以简洁、快速地解决债权债务问题为其特点的。

5. 实行特殊的诉讼费用规定

根据民事诉讼法及司法解释的规定,按《民事诉讼法》第15章特别程序审理的案件，一律免交诉讼费用。督促程序、公示催告程序则只需交纳程序申请费 100 元。对于非讼案件未像诉讼案件那样收费，主要是因为非讼案件只是确认一种法律事实，不解决民事权益之争，申请人请求法院确认某种事实，并不完全是为了自己的利益，因此理应与诉讼案件采取不同的诉讼费用规定。

（四）非讼程序的法理研究

从理论上讲，诉讼案件与非讼案件性质及特点不同，因而决定了法院审理诉讼案件与非讼案件的程序、目的、方式、原则也必然不同。对此，我国民事诉讼法虽然对非讼程序的一些特殊规则作了必要的规定，但理论上对此研究不够，呈现出诉讼程序与非讼程序的程序理论发展失衡的状况。对非讼程序的法理进行总结与研究，是我国民事诉讼法学理论发展的需要，同时也是进一步完善我国非讼程序立法的重要前提。

关于处理非讼案件的非讼程序具有何种性质，国外程序法理论界对此有不同看法。有人认为，非讼程序具有形成司法秩序的性质；有人认为它具有预防私法上权利纷争的性质；还有人认为它具有司法行政性质。[①]总之，与通常诉讼程序在性质上有着明显的区别，因此，非讼程序在原则与制度上有自己的独到之处，主要表现在以下几方面：

1. 采取职权原则

职权原则与当事人处分原则相对应。处分原则是通常诉讼程序的重要原则，它包括诉讼中对立着的双方当事人均享有处分自己民事实体权利和诉讼权利的自由。处分实体权利即在诉讼中当事人可决定实体法层面上的各种事项，如是否请求法院行使审判权、行使审判权范围有多大、能否接受法院调解以及是否与对方当事人和解等；处分诉讼权利即当事人有权决定程序法层面上一些事项，例如，是否起诉、是否提出管辖异议、是否提出回避申请、是否撤诉、是否上诉和申请再审等。在诉讼程序中，处分原则的确定及其适用受私权自治原则的决定与支配。而在处理非讼案件的程序中，不存在私权之争以及对立着的双方当事人，非讼案件往往直接涉及的是他人权益甚至公益，申请人或起诉人无权行使实体法上的

① 参见江伟主编：《民事诉讼法学原理》，中国人民大学出版社 1999 年版，第 718—719 页。

处分权，案件的审理范围、裁判依据的证据以及裁判结果，均由法院在法律规定的基础上依职权进行审理并作出决定，程序的进行也主要由法院控制，利害关系人或起诉人对程序的控制作用仅体现在非讼程序的启动上，另外，依法提出的撤回程序的申请，也应准许。

2. 书面审理兼言词审理原则

书面申请与言词审理相对应。言词审理原则是通常诉讼程序所采用的一项重要原则，它要求诉讼主体的任何诉讼行为，均应采用口头方式表达，否则不产生诉讼法上的效果。这一原则体现并贯彻了诉讼程序的公开性、民主性，适应了对立着的私权争议的双方当事人对程序公正的追求，同时也保障了法官在充分听取双方当事人陈述与辩论的基础上明辨是非、形成心证。而在非讼程序中，非讼案件不具备对立着的双方当事人，也无私权之争，客观上不存在法官听取双方辩论与陈述的可能，法官只需在申请人或起诉人提供的书面材料及有关证据的基础上依法进行形式审查，并且按照非讼程序设置的具体步骤（如公告、送达等）完成审判行为，即可达到非讼程序设置的目的。当然，在非讼程序中，书面审理原则并不绝对排除言词原则，在选民资格案件、破产案件的审理中，言词原则的适用也是有意义的，因此总体上讲，非讼程序以书面审理为原则，以言词审理原则为补充。

3. 不采取公开审理原则

在诉讼程序中，公开审理原则与言词原则紧密相连，而不公开审理原则与书面审理密切联系。公开审理是通常诉讼程序中一项重要的诉讼制度，其立法价值主要在于保障诉讼程序的公开、透明，使法院的审判活动置于当事人与社会公众的监督之下，保障当事人及诉讼参与人能够通过行使诉讼权利保护实体权利，获得公正的裁判结果。而在非讼程序中，非讼案件只有一方当事人，不存在诉讼案件那样的实体利益的对立，法院审理非讼案件只需依照一方的申请及相关的书面材料，依照实体法的相关要求及必要的程序要件，即可作出某种事实及权利是否存在的裁判，因而非讼程序一般采取书面审理方式，实行不公开审判的原则，这样做不仅符合非讼案件审理上的特点及要求，而且能够满足高效、快速地确认非讼争议的某种事实及权利状态这一设立非讼程序的目的及要求。

4. 证明及证明标准规则

依通常诉讼程序审理民事案件，实行“谁主张、谁举证”的证明责任分配原则以及严格的证明标准，这是诉讼结构的模式及双方当事人实体利益上的对立、对抗所决定的。而在非讼程序中，当事人并未提出实体权益争议意义上的主张，因而当事人只需提供满足其非讼请求的书面材料，而并非要求其证明某一事实确实发生和存在，例如，申请宣告公民死亡的利害关系人，只需提供该公民有失踪的事实并已达到法定年限的材料，而不必提供该公民确已死亡的证据。依非讼程序审理案件采取职权原则而非当事人处分原则和辩论原则，因而在审理过程中，除当事人提供必要的证据材料外，法院也可以依职权调查证据及有关事实，并大量使用推定的方法对有关法律事实及权利状态作出确认判决。由于非讼程序所要解决的问题比较单纯，案情明确，问题集中，其证明活动及负担大为减少，这决定了证明责任及证明标准必采用与通常诉讼程序不同的规则。

总之，非讼程序与通常诉讼程序的设置，应当反映民事案件发生、发展的客观规律，把握特定案件与特定程序的本质联系以及对应关系。应从理论上对非讼案件和非讼程序作更加深入细致的分析，以促使程序理论尤其是立法的完善。

（五）非讼程序的立法完善

根据非讼案件的性质和非讼程序的基本理论，反思我国民事诉讼法及司法解释的相关规定，笔者认为，民事诉讼法在修改时应当从内容到体例结构对非讼程序作全面修订。

从内容方面看，民事诉讼法应重点调整非讼程序的适用范围。首先，将不属于非讼案件的选民资格案件从现行法中删除。如前所述，选民资格案件并非严格意义上的非讼案件，它不具有“民事性”，与民事法律关系的发生、变更、消灭无关。其次，选民资格案件因具备双方当事人（即起诉人与选举委员会）并且有争议，因而不符合非讼案件的基本特征，因此作为非讼案件规定在特别程序中，缺乏理论上的合理性与科学性，这种公法性质的纠纷应单列出去。应将现实生活中已经存在的非讼案件，如指定或撤消监护案件等民事非讼案件和商事性质的非讼案件纳入非讼程序的适用范围。前者已有法院比照《民事诉讼法》第 15 章特别程序的规定审理,但立法上尚缺乏明确的依据。而后者以及涉及法人的民事非讼案件,直到现在仍未建立起与之相适应的非讼程序。客观地看,这些案件如解除董事、监事职务、法人组织的变更、商业登记、公司的整顿与清算等,虽然亦可采用其他方式解决,但通过非讼程序解决仍有独到之处,也是最为合适的。在目前的实践中,此类案件有通过诉讼程序解决的,有通过行政干预手段解决的。由于这类案件不具备民事权利义务的对立与纷争,适用诉讼程序显然是不恰当的,而采用行政干预手段解决既不符合法治原则,又难保实体法宗旨和公平正义的实现。这类案件具有典型的非讼性质,将其纳入非讼程序的调整范围应当是最佳的设计。最后,建议非讼程序的适用范围不再包括认定财产无主程序。认定财产无主的程序,本意为解决无主财产的归属,避免社会财富的浪费。但随着我国《民法典》、《物权法》的制定与颁布,占有制度与取得时效制度必将得到健全与完善,认定财产无主的程序已无存在的必要。

从立法体例上看,首先,应将审判监督程序调整至特别程序之前、第二审程序之后,使诉讼案件的审判程序形成一个前后有机衔接的完整的程序体系。现行民事诉讼法将特别程序规定在第二审程序与审判监督程序之间,不仅逻辑混乱,而且损害了诉讼程序和非讼程序的科学设置,必须加以调整。其次,不再使用传统的"特别程序"这一称谓,建议采用现代意义上的非讼程序的概念,即对非讼程序作广义的解释。非讼程序是若干个审理非讼案件的程序的总称,每一种非讼程序之间没有衔接性和联系性,从立法上区分狭义的非讼程序与广义的非讼程序(或传统意义上的非讼程序与现代意义上的非讼程序)没有意义也没有必要。非讼程序应包括:审理宣告失踪、死亡案件、认定公民无行为能力或限制行为能力案件、指定或撤消监护案件以及法人的登记、变更等民事非讼案件的非讼程序;审理商业登记、公司的整顿与清算等商事非讼案件的非讼程序;督促程序;公示催告程序等。立法体例上应以列举式规定为主,辅之以概括式规定,目的是既为准确适用非讼程序提供明确的依据,同时又为进一步扩大非讼程序的适用范围留下发展空间,毕竟哪些案件应作为非讼案件处理,在相当程度上取决于商法内容的不断丰富和更新。在现有的非讼程序中,也存在需完善和进一步发展的地方,如公示催告程序,在《民事诉讼法》颁布之初只适用于票据的公示催告,后随着《公司法》的颁布,可适用于记名股票。随着有关实体法的颁布,今后还可能适用于提单、仓单、保险单等其他有价证券。

此外,在完善非讼程序的基础上,有必要在立法上进一步建立人事诉讼程序及其他特别诉讼程序。人事诉讼是关于人的身份关系的诉讼。根据德国、日本等国及我国台湾地区的立法经验,人事诉讼案件主要包括婚姻案件(如婚姻无效之诉、离婚之诉、同居之诉等)、收养案件(收养无效之诉、确认收养成立或不成立之诉、终止收养关系之诉等)、亲子关系案件(如否认子女之诉、宣告停止亲权之诉等)等三大类。由于这类案件主要涉及身份关系而非财产关系,故在审理上需采用适当的职权主义、限制处分原则、非公开审理等特殊的诉讼政策,在案件的审理上有类似于非讼程序之处。但人事诉讼程序从性质上讲属于诉讼程序,既不同于非讼程序,又不同于一般的诉讼程序,有其自身的特点。鉴于人事诉讼案件近几年来随市场经济和民事实体法的发展不断上升,因而十分有必要在民事诉讼法中加以规定。同时,根据市场经济的发展及现实需要,还应对票据诉讼程序和证书诉讼程序等特殊诉讼程序作出规定,从而使一般诉讼程序、特殊诉讼程序、非讼程序形成严密而强大的民事案件的处理系统。

二、关于审判委员会制度改革路径的思考

一直以来,在我国的各级人民法院中,审判委员会都是必不可少的。审判委员会制度也因此成为我国司法制度的重要组成部分。从诞生之日起,各级法院的审判委员会在总结审判经验,讨论、决定重大或者疑难案件的裁判等方面也确实起到了不容忽视的作用。但是,随着20世纪90年代中期开展的审判方式乃至司法制度改革地不断推进,出于对审判公开以及司法独立等正当程序理念的关注,改革乃至取消审判委员会的呼声不绝如缕。时代前行的步伐确实将审判委员会制度推至法治建设的风口浪尖,审判委员会究竟应向何处去?学界、实务界纷纷陷入深思之中,并且提出了不少颇具建设性的意见与建议。在此,凭借对审判委员会制度的缘起及发展的回顾,在评析其现实存在的问题的基础上,针对学界已有的关于其存废之争,笔者重新对其作出了一番审视与剖析,对审判委员会制度所应选择的改革路径提出了自己的设想。

（一）历史回顾：审判委员会制度的发展进程

1. 审判委员会制度的雏形

（1）裁判委员会

1931 年 11 月，中华苏维埃共和国临时中央政府成立。苏区随之逐步建立起了系统的司法机构。中央苏区的审判权、司法行政权采用“分立制”，地方则采取“合一制”，由各级裁判部兼理司法行政工作。各省、县、区级裁判部设有部长、副部长、书记、裁判员等若干人，并设立有裁判委员会。1932 年 6 月，中央执行委员会颁布了《裁判部暂行组织及裁判条例》。根据该条例第 7 条的规定，县以上裁判部组织裁判委员会，由裁判部长、副部长、裁判员、检察员、国家政治保卫局局长或特派员、民警分局或民警厅（所）长、工农检查委员会、劳动部及职工会的代表和下一级裁判部的负责人或代表组成，由部长任委员会主任，讨论和建议有关司法行政、检察和审判等方面的问题。根据 1934 年 2 月的《中华苏维埃组织法》第 38 条的规定，在最高人民法院内部组织裁判委员会，其人数由中央执行委员会主席按需要决定。进入 20 世纪 40 年代，各革命根据地向苏联学习，为避免资本主义国家司法制度中因法官独立可能形成的独断，特别强调党对审判工作的具体领导，从而加速了审判委员会制度的形成。[①]裁判委员会也因此得到了进一步地发展。

（2）裁判研究委员会

解放战争时期，华北解放区的人民法院设立了裁判研究委员会，以便对重要的民事刑事案件作出正确裁断。裁判研究委员会由司法机关负责人、主审员、县长、公安局长及选聘之其他民众团体的主要负责人组成，以司法机关负责人为主任委员，其他人为委员。裁判研究委员会的主要任务包括：研究司法机关已经审理后的死刑及五年以上有期徒刑的重大刑事案件；研究有关政策原则需要慎重考虑决定或请示的民事案件。经裁判研究委员会研究确定的案件，由司法机关制作判决书，正式开庭宣判。

（3）审判委员会

根据 1948 年 1 月颁布的《东北解放区人民法庭条例》的规定，村、区

① 参见肖建国、肖建光：《审判委员会制度考》，载《北京科技大学学报》2002 年第 3 期。

人民法庭组织审判委员会，由农民代表大会选举若干人、上级政府委派一人组成，其有权判决：当众坦白、赔偿、罚款、劳役、褫夺公民权、有期或无期监禁、死刑或者宣布无罪。这是新民主主义革命时期首次正式在立法上使用"审判委员会"这一名称。当时的审判委员会是掌管司法决定权的政府机构，集行政、司法机关于一体。此即新中国人民法院审判委员会制度的雏形。

2. 审判委员会制度的正式确立

新中国成立后，根据1949年12月颁行的《中央人民政府最高人民法院试行组织条例》第6条的规定，最高人民法院院长、副院长、委员及秘书长组成最高人民法院委员会议，决议有关审判之政策方针、重大案件及其他重大事项。根据1950年的《人民法庭组织通则》第4条的规定，县（市）人民法庭及其分庭均设立审判委员会，由审判长一人、副审判长一人、审判员若干组成。根据1951年的《中华人民共和国人民法院暂行组织条例》第15条的规定，省、县人民法院设审判委员会，由院长、副院长、审判庭长及审判员组成。审判委员会负责处理刑事、民事的重要或者疑难案件，并为政策上及审判业务上的指导。

1954年，《中华人民共和国人民法院组织法》（以下简称《人民法院组织法》）颁行，该法规定在我国各级法院内部设立审判委员会，其任务是总结审判经验，讨论重大、疑难案件和其他有关审判工作的问题。1955年3月，最高人民法院审判委员会成立，随后全国各地的各级法院也相继组建了审判委员会。至此，审判委员会作为一种法定制度得以正式确立起来。2006年10月修订的《人民法院组织法》，依然态度鲜明地对这一制度作出了肯定。该法第10条规定："各级人民法院设立审判委员会，实行民主集中制。审判委员会的任务是总结审判经验，讨论重大的或者疑难的案件和其他有关审判工作的问题。地方各级人民法院审判委员会委员，由院长提请本级人民代表大会常务委员会任免；最高人民法院审判委员会委员，由最高人民法院院长提请全国人民代表大会常务委员会任免。各级人民法院审判委员会会议由院长主持，本级人民检察院检察长可以列席。"此条文成为当前我国各级人民法院内部设立审判委员会的最直接的法律依据。

（二）现状考察：对审判委员会制度的评析与争鸣

从上文对审判委员会制度发展历程的回顾中不难发现，在历经新民主主义革命直至新中国成立，乃至经济、政治体制改革数十年的时代变迁，审判委员会制度于各个不同的历史时期在司法机关中的地位均举足轻重，其发挥的作用亦十分显著。但是，从20世纪90年代中期开始，由审判方式改革所引发的对我国现行审判制度的反思渐趋深入，人们认真审视。关注审判委员会制度，藉此出现的关于其存废与否的争议，直至今天仍未停止。

1. 关于审判委员会职权的困惑

(1) 审判委员会的性质

关于审判委员会的性质，《人民法院组织法》和我国三大诉讼法皆未给予规定。不过，1993年的《最高人民法院审判委员会工作规则》明确规定了最高人民法院审判委员会是“国家最高审判组织”。1999年，最高人民法院颁布的《人民法院五年改革纲要》进一步明确指出，审判委员会是“法院内部最高审判组织”。从司法实践来看，各级法院审判委员会的主要工作是讨论本院的“重大、疑难案件”，并且讨论的意见合议庭必须执行，审判委员会实际上行使了本院重大、疑难案件的裁判权。正如有学者所言：“审判委员会之所以是审判组织而不是行政机构，是因为它有权对所谓‘重大’、‘疑难’案件进行‘讨论’和作出‘决定’”。[①] 但也有学者以《人民法院组织法》和三大诉讼法为依据，认为审判委员会不是审判组织的法定形式，上述法律规定的审判组织只有合议庭和独任制两种形式。[②] 事实上，审判委员会既不可能像合议庭和独任审判员那样主持庭审、质证、辩论和宣判，也不享有诉讼程序上的诸如财产保全、证据保全、采取强制措施的权力。不仅如此，审判委员会所担负的其他工作又是合议庭和独任制所没有的，如总结审判经验等。由此可见，审判委员会又不仅仅是一个单纯的如合议庭和独任制那样的审判组织。

---

① 陈瑞华：《正义的误区》，载《北大法律评论》（第1卷第2辑），法律出版社1999年版，第383页。

② 参见江伟主编：《民事诉讼法原理》，中国人民大学出版社1999年版，第326页。

审判委员会的特殊性质与其功能存在密切关系。根据《人民法院组织法》的规定，审判委员会制度的功能设计包括：总结审判经验；讨论重大、疑难的案件；讨论其他有关审判工作的问题。以最高人民法院为例，所有司法解释都必须经审判委员会讨论通过，才能颁布实施。在这诸多功能中，只有第二项与审判组织的性质相符。所以说，最高人民法院将审判委员会定性为“国家最高审判组织”、“法院内部最高审判组织”并不妥当，至少是不全面、不准确的。如此定性，必然导致审判委员会讨论案件的功能过于膨胀，而其他同样重要、甚至更加重要的功能受到严重削弱与忽视，以致于违背了《人民法院组织法》设立审判委员会的初衷。

基于对审判委员会性质与功能的分析，笔者认为，对审判委员会的研究不应仅限于其作为审判组织时所存在的问题及其完善，尽管在这方面存在的问题的确比较多；人们似乎更应该着重于研讨这个法院内部地位、功能都非常重要和特殊的机构如何更加全面地发挥其作用。这正是下文论述的出发点和归宿。当然，前已述及，由于审判委员会讨论案件的功能过于膨胀，存在的问题相应地也比较多，理所当然地成为讨论的重点。

(2) 审判委员会的审判权

将审判委员会定位为审判组织并不妥当，但其享有并行使着审判权却是无可争议的事实。《中华人民共和国刑事诉讼法》（以下简称《刑事诉讼法》）第 149 条就明确规定：“合议庭开庭审理并且评议后，应当作出判决。对于疑难、复杂、重大的案件，合议庭认为难以作出决定的，由合议庭提请院长决定提交审判委员会讨论决定。审判委员会的决定，合议庭应当执行。”我们虽不能在《民事诉讼法》与《中华人民共和国行政诉讼法》（以下简称《行政诉讼法》）中找到与之相对应的条文，但依《人民法院组织法》所确立的审判委员会的职权，此一规定在民事与行政案件中自然同样适用。于是，每当遇到疑难、复杂、重大的案件，合议庭难以作出决断或者合议庭成员提出的裁判意见被审判委员会否决后，合议庭必须按照审判委员会的决定制作案件的裁判文书。换言之，尽管审判委员会的委员并未参加或旁听庭审，却能够对案件作出最终的裁判。

在此，我们暂且放下后文将会提及的对诉讼的基本制度和原则的背离等弊端不谈，仅就提交审判委员会讨论的案件的标准而言——“疑难、复杂、重大”，实难为之划定一个能够被普遍遵循的界限。不仅如此，地方各级法院,尤其是基层法院常常还会突破这一本身就很模糊的边界,将一些本不需要由审判委员会讨论的案件提交给审判委员会会议讨论。于是,审判委员会讨论案件范围的规定形同虚设,各个法院各行其是。这显然是有违法治统一性原则的。

不但如此,审判委员会的这种权力还会被案件的裁判者用来作为突破正当程序理念的工具。笔者在某基层法院调研之际,恰逢其审判委员会开例会讨论所谓疑难案件的处理。审监庭庭长要在一个多小时的时间里汇报三个案件。此前,笔者仔细查阅了其中两个案件的案卷。这两个案件无论如何也是难以归入到"疑难、复杂、重大"之列的。而且,在与庭长交流的过程中,笔者发现他对这三个案件如何处理早已成竹在胸。既然如此,他为什么还要将之提交给审判委员会来决定呢?以其中的一起合同违约纠纷为例。案件标的额为人民币 30 万元,一审判决生效后,再审申请人认为原生效判决错误请求再审改判,庭长作为审判长再审了此案。与笔者讨论时,庭长认为从再审申请人的角度评判,原判决并不存在错误。笔者亦表示赞同。问题在于原裁判在确定违约金数额时,犯了一个极为低级的数学运算错误,这意味着原审原告所得被少判了 3200 元。但被申请人,也就是原审原告主张维持原判。然而庭长觉得不能让一个确定无疑的错误就那么存留下来。作为一个具有较强法律专业素养的法官,他当然知道这其中存在着的程序悖论——必须尊重当事人的处分权。于是他将此案提交给审判委员会来做决断,尽管他明白无误地承认,那些不熟悉民事案件审判的审委会委员并不一定比他高明,可他需要借助于审委会使该案中存在的程序障碍得以化解。他的这一想法最后确实得到了审判委员会的支持。审判委员会成为了真正的审判组织,成为了合议庭或独任审判员上交矛盾、规避责任与风险的处所。

(3) 回避与再审决定权

第一,回避决定权。

根据《民事诉讼法》第 47 条的规定,在院长担任审判长时,关于其回避与否的问题,由审判委员会决定。众所周知,在我国,人民法院具有较强的行政色彩,历来被当成法院领导的院长担任审判长亲自审理案件的情形较为罕有,所以此项职权的现实意义并不显明。相比之下,由审判委员会行使审判权的情况反而更为常见,最高人民法院《关于审判人员严格执行回避制度的若干规定》第9条指明:"本规定所称审判人员是指各级人民法院院长、副院长、审判委员会委员、庭长、副庭长、审判员、助理审判员。"可如果案件的处理结果最后由审判委员会决定,那么审判委员会委员的回避由谁决定、又如何决定?该司法解释并未作出回答。显而易见,审判委员会的该项职权终将被虚化。

第二,再审决定权。

在再审方面,《民事诉讼法》第177条第1款规定:"各级人民法院院长对本院已经发生法律效力的判决、裁定,发现确有错误,认为需要再审的,应当提交审判委员会讨论决定。"或许,作为"法院内部最高审判组织"的审判委员会对案件应否再审作出决定,并无可置疑之处。可是,我们知道,学界对审判机关自行决定再审已经质疑重重,此项职权的正当性因而也就值得推敲了。

2. 审判委员会制度的正当性评析

对审判委员会的正当性进行正面考察,可对以下几个方面予以肯定:

(1) 总结审判经验及讨论其他审判工作的正当性

在现阶段,审判委员会作为人民法院内部具有特殊功能的机构,我们必须承认其具有不可替代性。总结审判经验和讨论其他有关审判工作的问题,具有超越个案审理的重要意义,而这些工作由审判委员会承担无疑最为恰当。因为审判委员会毕竟大多由院长、副院长、庭长等具有较高法律素养和较为丰富的审判工作经验的法官组成,与法院所有的其他机构相比,其业务性、专业性最强,在审判业务方面最具权威性。从审判实务来看,总结审判经验和讨论其他有关审判工作的问题,不仅是非常重要的,而且有必要进一步加强。最高人民法院在《人民法院第二个五年改革纲要》(以下简称《二五改革纲要》)中明确指出:"审判委员会要在强化合议庭职责,不断提高审理案件质量的基础上,逐步做到只讨论合议庭提请院长提交的少数重大疑难的法律适用问题,总结审判经验,以充分发挥其对审判工作中带有根本性、全局性问题进行研究和做出权威性指导的作用。"通过对审判委员会这一功能的考察,其正当性是不容质疑的。

(2) 裁判案件的正当性

关于审判委员会作为法院最高审判组织的正当性,我们需作动态考察。审判委员会制度虽起源于新民主主义革命时期,但它在我国各级法院内真正建立并运作其实是新中国成立后的事情。新中国成立之初，由于废除了国民党的六法全书和旧的司法制度，留用的旧司法系统的审判人员不能适应新的司法审判形势，而当时解放区的审判人员数量不足，素质不一，因此审判委员会讨论案件这种集体决策的方式实实在在地有利于保证审判的质量和裁判的水平。如今，法院队伍在水平和素质方面虽发生了很大的变化，但整个社会关系及案件本身都更加复杂化，一些重大、疑难案件采用审判委员会集体决策的方式，依然具有一定的正当性。更为值得注意的是，讨论正当性问题不能脱离现行的审判模式。以往，我国的审判模式一直带有很强的职权主义色彩，审判委员会这种间接的、书面的决定方式与一般合议庭审判案件的方式在实质上异曲同工，因而其正当性问题并没有引起太大争议。

改革开放后，新的形势对审判模式提出了新的要求，审判模式也确实日渐发展与变化，因而审判委员会的正当性问题受到考问，例如，妨碍了司法独立与司法公正、造成“审”和“判”的分离等。但与中国社会的转型相适应，审判模式也正处在转型过程中，旧的审判模式正在解体，新的审判模式尚未完全建立，在这种情况下，以理想中的审判模式衡量审判委员会作为审判组织的功能，当然就会发生正当性危机。反之，如果将审判委员会放在审判模式的转型过程中考察，则至少在以下两个方面能够获得正当性：其一，目前我国的法院还未能真正享有现代法治意义上的独立审判权，也远没有具备一支精英化的法官队伍，因而审判委员会妨碍了司法独立与司法公正的观点难以成立。实际上，审判委员会以集体决定的方式有效地弥补了法官素质普遍不高的缺陷，并在一定程度上抵御了外部的干扰。当法官素质和外部干扰的因素使办案法官不能正确裁判时，审判委员会讨论决定这一集体决策机制的设置，显然便具有了正当性。其二，从当事人的视角出发，在现有的审判模式中，其尚未获得能够与法院审判权相抗衡的诉权，我国当事人的诉讼能力也无法与法治发达国家相比，故而错误裁判对其的伤害是致命的。如前所述，我国的审判模式处在转型过程中，尚不具备依靠当事人的对抗获得程序正义并达到实体正义的条件，我国的三大诉讼法亦未规定以直接言词原则为代表的审理原则。在此种情形之下，审判委员会行使裁判权的正当性的受到过多的质疑显然并不适宜。换句话讲，司法独立、程序公正等现代诉讼的基本理念尚未建立,以及整体上受到外部影响的法院和整体业务素质不高的法官队伍的存在,提供了审判委员会存在并发挥作用的客观条件,唯有这些条件随审判模式的转型而发生改变,审判委员会存在的正当性基础才会从根本上发生动摇。

阐释审判委员会制度存在的正当性,并不意味着可以对其缺陷视而不见,任其发展下去。如果说审判委员会制度与旧的审判模式相互适应,那么在审判模式向以程序公正为核心的现代化诉讼转型的过程中,其正当性受到质疑也是必然的。其主要表现在如下几个方面:

(1) 审判委员会的功能失衡

前文已提及,根据法律规定,审判委员会制度的功能包括:总结审判经验;讨论重大、疑难的案件;讨论其他有关审判工作的问题。而现行的审判委员会特别是基层人民法院的审判委员会对于总结审判经验的工作任务很少涉及,一般只是讨论决定案件即行使裁判权。本来,我国社会转型时期的各种社会矛盾导致各类新型案件不断涌现,基层法院和中级法院又是承担一审民事案件的主要力量,审判委员及时总结本院审理的各类新型案件的经验,及时针对审判实践需要制定相关的审判政策,以指导审判实践和规范审判工作,意义极为重大。然而,实践中审判委员会的这一功能并未引起基层法院与中级法院的重视。

(2) 审判委员的行政色彩强烈

以审判委员会委员的来源而言,主要由正副院长、其他党组成员(政治处主任、纪检委主任等)、各业务庭庭长、研究室主任等组成。此外还有少数专职委员(大部分是为庭室领导解决职级待遇问题而给予提拔的职务,作为政治待遇使用)。尽管审判委员会是作为业务机构设置的审判组织,而实际上审判委员会委员被当作一种行政的职务或职级待遇,往往同任职法院、任职官员的行政级别相联系。[①] 审判委员会中的"官员"委员比例太大,有的基层法院几乎全部是"官员"委员。一方面,"官员"太多会导致行政工作对审判工作的冲击;另一方面,很多"官员"并不专业,其审判业务能力不强,在讨论疑难案件时自己缺乏提供正确意见的能力,容

---

① 参见苏力:《送法下乡——中国基层司法制度研究》,中国政法大学出版社 2000 年版,第 124 页。

易受别人意见的左右。

(3) 会议制与审判的基本规律相背离

从工作方式及决策方式来考察，审判委员会讨论案件通常采用会议制，听取案件审理者的汇报，审委会委员在不能保证信息完整全面的情况下就仓促形成对案件处理的意见，违背了审判的基本规律；在出现了意见分歧时，审判委员会一般采取民主集中制的原则，实践中有时已形成多数意见，但因院长不同意，多数意见不被采纳；有时已经审判委员会讨论作出决定后，又因各种原因而重新召开审判委员会推翻原来的决定，重新再作决定。这都是不符合审判基本规律的。

(4) 违背诉讼的基本制度和原则

审判委员会的运作方式违背了公开审判原则、回避原则、直接审理和言词原则。现行审判委员会讨论决定案件的方式，一般是由承办法官先口头向审判委员会汇报案情，然后由审判委员会委员根据口头汇报的情况各自发表意见，最后由主持人按民主集中制的原则形成决定意见。审判委员会讨论决定案件，实际上是在没有听取双方当事人陈述、辩论，也没有阅卷的情况下，对案件进行"审理"并作出决定的过程。这一"决定当事人命运"的过程还是不公开进行的，当事人无法了解到裁判结果的形成过程，也无法了解审判委员会具体由哪些委员组成，实难行使申请回避的权利，回避制度的立法意图也无从实现。直接审理和言词原则虽然在我国《民事诉讼法》上并没有直接的规定，但根据辩论原则的原理，裁决者应当亲自听取当事人陈述意见和当庭举证、质证与辩论，通过直接听取当事人之间的言词辩论，直接感受双方当事人举证、质证和辩论的过程，掌握第一手资料，形成对案件事实的判断。如果承办法官在汇报时不能客观的陈述案情，甚至带有倾向性，就会误导审判委员会使之不能形成正确的判断。

(5) 削弱了合议庭和独任审判员的审判功能

合议制与独任制是《人民法院组织法》和三大诉讼法所明定的审判组织形式，应依法独立行使审判权。可是审判委员会的运作方式常常将审判权分割，对于经审判委员会讨论决定的案件，合议庭和独任审判员必须执行，导致合议庭和独任审判员只有审理权和执行义务，真正的裁判权由审判委员会享有。这种状况带来得弊端是多方面的：使审理权和裁判权分离；使部分审判员责任意识淡化，不利于提高法官队伍的素质；使合议庭和独任审判员的审判功能削弱而加剧审判权的行政化等。

3. 关于审判委员会制度存废的争议

正是基于由审判委员会制度引发了众多问题的认识，早在十年前，学术届、实务界有关审判委员会改革的研究与争鸣就不绝于耳，延续至今。纵观有关审判委员会制度改革的各派观点及学说，虽然各家所言不尽相同，但归纳起来无外乎两类——改革派与取消派。故也可称其为关于审判委员会制度的存废之争。

（1）审判委员会制度取消说

旗帜鲜明地主张取消审判委员会制度的以学者居多。有学者指出，审判委员会在司法机关中所获得的地位更多的是我国近半个世纪以来的政治文化传统的产物。虽然保留或者改进审委会可以在一定程度上为法官提供庇护，但与之相伴随的副作用将会永久性地危害我们的司法制度。① 尽管在一定的历史时期、特定情况下，审判委员会的存在有其合理性，但在今天已经成为妨碍司法公正的羁绊，应予以废除。② 还有的学者认为，审判委员会以行政性的集体领导模式代替法官独立审判，割裂了审判权，模糊了责任主体，从而为法院行政领导徇私舞弊提供可乘之机，故应考虑取消其直接裁判个案的职能。③ 学者陈杰人同样认为："着眼长远，从促进司法独立和维护司法公正来看，审委会制度必须尽快取消。"④

（2）审判委员会制度改革说

在关于审判委员会存废的争论中，赞同对之予以保留的人中似乎少有认为其应该完全维持现状的，大多数均强调应在改革与完善的前提下予以保留。这一派的各家观点之间亦呈现出一定的差异，可将之细分为如下几种：

---

① 参见贺卫方：《关于审判委员会的几点评论》，载《北大法律评论》（第1卷第2辑），法律出版社1999年版，第370、373页。

② 参见江平、陈桂明主编：《民事审判方式改革与发展》，中国法制出版社1998年版，第284页。

③ 参见谭兵、王志胜：《论法官现代化：专业化、职业化和同质化——兼谈中国法官队伍现代问题》，载《中国法学》2001年第3期。

④ 陈杰人：《建议取消审判委员会》，载《法律与生活》2003年第7期。

第一，维持说。

这是对现行审判委员会制度最为肯定的一派观点。基层的实践工作者认为，古典社会文化传统与现代政治文化传统为审判委员会制度的产生和发展提供了合宜的土壤，现实的迫切需要是审判委员会制度存在的动力所在。当代中国政治、社会、文化发展的不平衡性决定了审判委员会制度在当代中国司法实践中具有不可替代的独特功能。[①] 审判委员会能够指导与监督法官办案，适当解决法律中的疑难问题；能够有效发挥法院集体优势和整体智慧，弥补法官个人知识、经验和执法能力的不足；还有利于法院以整体的力量抵御外部对审判活动的干扰。[②] "一种制度得以长期且普遍的坚持，必定有其存在的理由，即具有语境化的合理性并因此首先应当得到后来者或外来者的尊重和理解"，审判委员会具有相对合理性，是法官职业素质状况的需要，有助于防止司法腐败或司法不公正；能起到在一个管辖内统一执法标准、提高法官职业素质的作用。[③]

第二，完善说。

鉴于审判委员会在审判实践中发挥的积极作用，该说认为，并不能因为在某些环节存在问题而从整体上否认其存在的价值。审判委员会委员虽然没有亲自出席庭审，但在认真分析证据从而熟悉掌握案情的基础上，仍然可以得出正确的结论。审判委员会的存在为司法公正增加了一道防线，况且废除审判委员会制度受到诸多条件的牵制，短期内难以实现，故目前应着重于对其加以修补，待时机成熟时再从立法上取消该制度。[④] 还有人指出，就现行体制与法官队伍总体而言，审判委员会不宜取消，而应加以适当改革。[⑤]

---

① 参见肖逢、高翔：《论审判委员会制度的文化承载与实践功能》，载《重庆社会科学》2007年第8期。

② 参见陈光中主编：《联合国刑事司法准则与中国刑事法制》，法律出版社1999年版，第93页。

③ 参见苏力：《送法下乡》，中国政法大学出版社2000年版，第90页。

④ 参见黄松有：《渐进与过渡：民事审判方式改革的冷思考》，载《现代法学》2000年第4期。

⑤ 参见张卫平主编：《司法改革评论》（第3辑），中国法制出版社2002年版，第60页。

第三，分解说与改变说。

为避免审判委员会决定的非专业性，“分解说”认为，各个法院可将专业知识和审判经验丰富的法官组成专业委员会分别讨论刑事、民事、经济、行政案件的重大、复杂疑难案件，院长或副院长按其专长和分工分别参加各专业委员会并主持会议。“改变说”则认为审判委员会应予以保留，但其职能需加以改变，即逐步取消审判委员会决定案件的裁判职能，强化其总结审判经验、审判监督和指导、行政管理职能，增加审判工作的咨询职能。①

由于与审判委员会相伴相随的其他制度的改革仍有待深入，故这场争论远未停歇。自然，在各种思想观念冲撞交汇的过程中，人们对审判委员会制度的认识也不断深化。

（三）理性思考：审判委员会制度的未来

时至今日，我国的司法尚未获得真正的独立，存在着整体上受到外部因素强烈影响的法院和整体业务素质不高的法官队伍，同时当事人亦尚未获得能够与法院审判权相抗衡的诉权。在这些现状尚未得到根本转变之前，尽管审判委员会存在种种弊端，但笔者以为，确实也不宜马上将之取消。审判委员会的问题决不是孤立地存在的，我们必须认识到，它与诉讼制度乃至整个司法制度有着密切的关联，而我国诉讼制度乃至整个司法制度的改革是一个长期的、渐进的过程，因此审判委员会的改革应当分步骤进行，应当确立改革的近期目标和远期目标。

1. 审判委员会制度改革的近期目标

（1）审判委员会制度近期改革的纲要

最高人民法院《二五改革纲要》第23条、第24条就是关于改革人民法院审判委员会制度的内容，涉及审委会专业委员会的设置、成员的组成、审理案件的程序和方式、表决机制以及办事机构等五个方面。第23条规定：“改革人民法院审判委员会制度。最高人民法院审判委员会设刑事专业委员会和民事行政专业委员会；高级人民法院、中级人民法院可以根据需要在审判委员会中设刑事专业委员会和民事行政专业委员会。改

① 参见陈灿平：《司法改革及相关热点探索》，中国检察出版社2004年版，第141—142页。

革审判委员会的成员结构，确保高水平的资深法官能够进入审判委员会。改革审判委员会审理案件的程序和方式，将审判委员会的活动由会议制改为审理制；改革审判委员会的表决机制；健全审判委员会的办事机构。”第24条规定：“审判委员会委员可以自行组成或者与其他法官组成合议庭，审理重大、疑难、复杂或者具有普遍法律适用意义的案件。”

2007年11月23日，时任最高人民法院院长肖扬在全国法院司法改革工作会议上表示，为了适应新形势的要求，最高人民法院遵循司法活动的客观规律，对审判委员会的机构设置、工作程序和运行方式等进行一系列的改革和完善。审判委员会改革的具体事项再次得到强调：审判委员会由会议制改为审理制，解决审者不判、判者不审的问题，提倡审委会委员单独组成合议庭或与其他法官参加合议庭一起直接审理案件；审判委员会改变过去只听取承办人汇报案件的做法，直接讯问被告人或询问民事行政案件当事人。对于重大、疑难、复杂或者具有普遍法律适用意义的案件，实行审委会委员旁听庭审，有效避免主观臆断；审委会委员逐步专业化，改革审判委员会的成员结构，确保高水平的资深法官也有机会进入审判委员会，落实院庭长办案制度，提高审判委员会指导司法实践的能力；改革审判委员会表决方式，确需提交审判委员会讨论的事项，审判委员会经审理后以无记名投票的方式，按照多数人的意见作出决定。

最高人民法院《二五改革纲要》的相关规定无疑会成为各级人民法院近期改革审判委员会制度的目标指南，自然而然也就成了我们研讨的出发点。

(2) 审判委员会制度近期改革的具体内容

第一，强化审判委员会总结审判经验的职能作用。

为了贯彻《人民法院组织法》和《二五改革纲要》关于审判委员会职能的规定，在努力实现近期改革目标的期限内，应强化审判委员会总结审判经验的职能作用。各级法院的审判委员会必须转变工作重心，重视总结审判工作经验，而不应过多地研究讨论个案。审判委员会委员应加强政治和法学理论知识的学习与研究，通过对党的有关方针政策、决策、重大法制变革和新的法律法规的深入学习和研究，不断更新审判委员会委员的知识结构，提高审判委员会委员的综合业务能力和科学决策能力。审判委员会在日常工作中应当及时发现与重视审判工作中相对集中的问题，对之进行研究、归纳、梳理、分析，找出其间规律性的内容，将司法审判的实践经验上升为审判政策、法院管理举措和具有特色的应用法学规范，用于指导审判实践。人民法院应将审判委员会总结审判经验的职能作用转化为公正与效率的新动力，以适应时代发展的需要。

第二，实现从行政化的"会议制"向司法化的"审理制"的转变。

前文屡次提到，审判委员会讨论案件的形式一般是会议制，各个委员通过听取承办人的汇报间接了解案情，在此基础上发表意见并展开讨论。同时，现行立法未对审判委员会讨论、决定案件的整个过程规定出科学规范的可操作性规程。实践中，各位委员也就无需遵从严格的规程要求，只是听取承办人的口头介绍和汇报，就可以进行表决，其主观性、片面性自不待言。承办人完全可以通过对汇报内容的裁剪、取舍来引导或干扰审判委员会委员作出合乎自己需要的决定。所以，为了保证审判委员会在信息完整的情况下形成案件处理意见，按照审判规律办事，必须实现从听取汇报制向直接听审制、庭审制的转变，即参与讨论案件的审判委员会委员事先参与庭审的旁听，或者利用高科技录音、录像设备，播放有关音像资料，再现法庭审判的情形，克服会议制"亲历性"不足、判与审分离等弊端。《二五改革纲要》主张设立专业审判委员会正是基于其实际参与案件审理而不仅仅是开会讨论决定案件的需要。

第三，实现从民主集中制向少数服从多数制的转变。

依据现行立法，审判委员会实行民主集中制原则。如果真正做到了审判委员会讨论案件时，每个成员都能够享有充分发表意见的权利与机会，并不受他人干预独立行使表决权，案件的裁判结果最终根据多数人意见决定。那么，这里的民主集中制确与少数服从多数制没有多大区别。问题在于，就历史沿革而言，在民主集中制成为一种毋庸置疑的意识形态信条并且成为各种机构、不同行业的议事通则的情形下，法官个人独立地进行司法决策往往被当成一件难以想象的事情。[1] 民主集中制有利于发挥集体智慧和力量的优势，但集体有时未必比个体更加高明。况且，在很多情况下，审判委员会其实是以"民主"为铺垫，以领导最后"集中"为原

---

① 参见贺卫方：《关于审判委员会的几点评论》，载《北大法律评论》（第1卷第2辑），法律出版社1999年版，第370页。

则。一旦审判委员会真正如合议庭或独任审判员一样参与案件审理，那么审判组织中实行的少数服从多数的立法原则就必须得到遵循。

第四，实现从综合性的审判委员会向专业审判委员会转变。

综合性的审判委员会所讨论的案件涉及各个领域，而审委会的委员一般只是对自己所主管的专业领域比较熟悉，对其他领域却未必很了解，所以很难保证每一位审委会的成员对所讨论的案件均能作出正确的判断。而最高人民法院在《二五改革纲要》中要求中级以上人民法院根据需要分别设立刑事专业委员会和民事行政专业委员会，将在一定程度上改变这一局面，实现由综合性的审判委员会制向专业审判委员会制的转变。这一要求的积极意义不言而喻。此举既有助于改革审判委员会的成员结构，提高审判委员会的专业化水平，也使得审委会委员直接参与案件的审理成为可能，从而提高审判委员会指导司法实践的能力。也因此，《人民法院组织法》所确立的审判委员会的各项职能才能全面落到实处。

第五，实现从政治待遇制向任职资格制的转变。

现在，各审判委员会的成员基本上是由院领导及各庭庭长、研究室主任组成。能否进入审委会基本上是论资排辈，与行政级别、政治待遇挂钩的。行政级别越高、资格越老的，越有资格进入审委会，而那些审判经验丰富、年富力强但行政级别较低的优秀审判员却不具备进入审委会的资格。为此，应当明确，审判委员会的委员并不是一种政治待遇。出于对审委会委员法律专业知识和审判实践经验的重视，促使审判委员会向专业化、权威性方面发展的需要，确有必要淡化职级待遇意识，实现审判委员会委员的任职资格制，建立完备的审判委员会委员考试选拔机制。通过严格公正、公开的“推荐——考试——考核——公示——任命”的选拔任用程序，将那些业务精通、品德高尚、作风正派的法官吸收进审判委员会。同时，还应建立健全考核管理机制，定期或不定期地对委员承办、参审、讨论案件等情况进行考核评定，并记入其个人审判业绩档案。与此同时，亦可引入竞争淘汰机制，将难以胜任委员会工作、在审理案件过程中出现重大差错及违法违纪的委员，适时地淘汰出局，以保持审判委员会的专业性及权威性。

除此之外，在具体的程序方面，亦可作出进一步细化的规定。比如，对“重大、疑难、复杂”的含义应进一步明确，以逐步减少审判委员会决定讨论决定案件的数量和规范其范围；确立审判委员会讨论决定案件的先期公告制度，将审判委员会委员的名单公之于众，并赋予当事人对审判委员会成员的回避请求权。

2. 审判委员会制度改革的远期目标

从法治发展的必然趋势来看，作为审判组织的审判委员会终将被取消。归根究底，具体案件的审判组织只能有一个——合议庭或独任审判，并由其行使审理权和裁判权，不应存在“法官之上的法官”。无论国情怎样特殊，这种审与判相分离的裁判机制的不合理依然是无可回避的。近期改革目标中一些举措只能缓解现行审判委员会制度的缺陷与不足，无法从根本上解决问题，说到底只是权宜之计。

(1) 理想与现实的落差——专业审判委员会的不可行性

较之综合性审判委员会，专业审判委员会的出现的确是一种进步。这也使其成为《二五改革纲要》的最大亮点，其他的改革举措其实是以之为核心的。但是，设立专业审判委员会真的能够彻底解决现行审判委员会制度存在的各种弊端吗？而且，专业审判委员会行使职权能够避免对诉讼基本规律和原则的背离吗？一言以蔽之，专业审判委员会究竟具不具备可行性，笔者对之持怀疑与审慎的态度。

第一，关于专业审判委员会的性质。

最高人民法院的《二五改革纲要》提出设立专业审判委员会，但并没有同时废止综合性的审判委员会，可见，其意是在现行的综合性审判委员会之下再行设立专业审判委员会。在中级以上的人民法院，专业审判委员会的成员同样来自于不同的审判业务庭，尽管比起综合审判委员会来讲其专业性相对强一些，但并不是固定的审判组织。这两类审判委员会的性质不存在本质上的差别。从地位来看，专业审判委员会仍然将凌驾于合议庭之上，再加上实行任职资格制之后，审判委员会委员将以业务庭的法官为主，以委员身份参加案件审理与其承担的业务庭法官的职责本身存在工作上的冲突。下文将会谈到，专业审判委员会委员全部参与所有需由审判委员会裁断的案件的审理并不现实，如是则对诉讼基本规律及原则的违背同样不可避免。何况，重新设立一个与审判委员会性质相同的审判组织机构，势必将导致审判组织之间的关系更加复杂，加剧法院内部机构和人员的重叠。

第二，关于专业审判委员会审理案件的方式。

人民法院内部各个业务庭具体分工不同，专业审判委员会的委员又分别来自于各个分散的审判庭，使之集中在一起共同审理案件存在一定的难度。跨审判庭的专业审判委员会委员直接参与案件审理存在工作、时间、专业上的冲突，而不跨审判庭的委员参与案件的审理又与现在同一审判庭内组成合议庭审理案件并无多大区别。专业审判委员会成员组成合议庭时是全体委员都参加，还是可以只有部分参加？如果不是所有委员而只是部分委员参与了案件审理，且合议庭无法形成一致意见，那么，申请专业审判委员会集体研究将是必然的选择。对于没有直接参与审理案件的委员来说，他们在会议上的发言和表决，同样违背直接审理原则。更进一步讲，专业审判委员会的开庭审理和一般合议庭开庭审理案件应否存在区别？对重大、疑难案件，是先由法官组成合议庭审理，无从解决后再报请审委会讨论决定的。此时，专业审判委员会再重新对案件进行审理，事实上是就同一案件在同级法院进行了两次审理，这显然也是有违于立法规定的。

第三，关于综合审判委员会与专业审判委员会的关系。

据《二五改革纲要》的规定，专业审判委员会的地位似介于综合审判委员会与合议庭或独任审判员之间。专业审判委员会与综合审判委员会之间的审判职权、职责如何划分，两者之间审理案件的范围、程序、效力怎样协调，委员会成员能否重合等，最高人民法院的改革纲要中根本未予提及。或许是出于对基层法院人员配备实际情况的考虑，《二五改革纲要》并未要求基层法院的审判委员会设置专业委员会。如此一来，专业审判委员会的设置不仅不具有可行性，而且缺乏严谨性与统一性。

审判委员会制度的改革将会因为机构臃肿、组织复杂，以及由此引发的官僚作风而导致失败或许并不只是一种欠缺合理性的想象而已。归根究底，专业审判委员会不能解决现行审判委员会制度弊端的关键在于它没有真正还权于合议庭，未能有效强化合议庭的审判职权。

2. 借鉴与创新——大合议庭与专业咨询委员会的设立

(1) 大合议庭

在德国，上诉庭有大审判庭与小审判庭两种组织形式，其联邦法院本部分别设有由 9 名联邦法官组成的刑事大合议庭和民事大合议庭，这两个大合议庭又组成大合议庭联席会议，作为德国普通刑事、民事案件的最高审判组织。[①] 日本的最高法院行使审判权亦是通过大、小法庭来进行。大法庭由全体法官组成合议庭，审判的合议以过半数决定。最高法院还有3个小法庭，每个小法庭有5名法官，原则上由5名法官组成合议庭进行审判。[②] 我们可以借鉴德国、日本的做法，在中级以上法院分别由经过严格考核、选拔的法官组成刑事、民事、行政大合议庭，在必要时由其对重大、疑难案件进行审理并作出裁判。同时，对于其审理案件的范围应予以明确，以控制其审理案件的数量。

（2）专业咨询委员会

专业咨询委员会不同于专业审判委员会或者综合审判委员会，它类似于法官委员会，是一个由优秀法官组成的专业性的审判咨询机构，而不是审判组织，不具备实体审判权。专业咨询委员会的委员任免实行任职资格制，委员的选任与行政职务不存在任何联系。

专业咨询委员会作为一个专业的审判咨询机构，其任务是总结审判工作经验，研究审判工作中遇到的新情况、新问题；对某些具体案件的事实认定、法律适用进行分析，提出建议性的意见。专业咨询委员会仅为合议庭行使审判权提供咨询。审判组织对其咨询性意见是否采纳，可自行决定。因此，专业咨询委员会无需对审判结果承担责任。合议庭认为咨询委员会的意见正确而预备采纳的，必须再次经过合议，且以合议庭的名义作出并宣告裁判结果。

审判委员会制度改革远期目标的实现必须具备一些前提条件，司法独立（包括法官独立、合议庭独立）、法官素质整体的提高等，均是题中应有之义。而这些配套制度的改革与完善是一个系统性的工程，并非司法机关凭借自身的努力与探索所能解决与完成的。然而，我们并不能因此放弃对未来的憧憬与追求而一味等待。上述的改革设想正是以此理念为支撑而形成的。

---

① 参见卞建林、刘玫：《外国刑事诉讼法》，中国社会科学出版社、人民法院出版社2002年版，第8—9页。

② 同上注书，第242页。

本书作者的代表性论文(1998—2008)

1. 蔡虹:《民事诉讼结构的调整及其基本模式的选择》,载《法商研究》1998 年第 5 期。该文被人大复印资料《诉讼法学司法制度》1999 年第 1 期全文转载,被《高等学校文科学报文摘》1999 年第 1 期摘转。

2. 蔡虹:《略论行政诉讼中的证明标准》,载《法学评论》1999 年第 1 期。

3. 蔡虹:《行政证据与行政诉讼证据研究》,载《律师世界》1999 年第 2 期。

4. 蔡虹:《大陆法院调解与香港诉讼和解之比较——关于完善合意解决纠纷的诉讼机制的思考》,载《中国法学》1999 年第 4 期。

5. 蔡虹:《论证据制度中的程序保障问题》,载《法商研究》1999 年第 5 期。该文被人大复印资料《诉讼法学司法制度》1999 年第 11 期全文转载。

6. 蔡虹:《对司法解释的解释》,载《法学评论》2000 年第 3 期。

7. 蔡虹、羊震:《民事诉讼证据失权制度初探》,载《法商研究》2000 年第 6 期。

8. 蔡虹:《“零口供”与沉默权》,载《法学评论》2001 年第 1 期。

9. 蔡虹:《法院主管若干问题研究》,载《法商研究》2001 年第 5 期。

10. 蔡虹、梁远:《也论行政公益诉讼》,载《法学评论》2002 年第 3 期。该文被人大复印资料《诉讼法学司法制度》2002 年第 10 期全文转载。

11. 蔡虹:《审前准备程序的功能、目标及其实现——兼论法院审判管理模式的更新》,载《法商研究》2003 年第 3 期。该文被人大复印资料

《诉讼法学司法制度》2003 年第 9 期全文转载。

12. 蔡虹:《民事检察监督:不应削弱只能加强》,载《检察日报》2003 年 7 月 31 日。

13. 蔡虹:《非讼程序的理论思考与制度构建》,载《华中科技大学学报》2004 年第 3 期。

14. 蔡虹、刘加良:《论民事审限制度》,载《法商研究》2004 年第 4 期。该文被人大复印资料《诉讼法学司法制度》2004 年第 10 期全文转载。

15. 蔡虹、刘加良:《弱势群体的民事诉讼法保护论纲》,载《河南大学学报》2004 年第 6 期。该文被人大复印资料《诉讼法学司法制度》2005 年第 4 期全文转载。

16. 蔡虹:《释明权:基础透视与制度构建》,载《法学评论》2005 年第 1 期。

17. 蔡虹:《和谐社会与诉讼调解》,载《法学家茶座》第十五辑。

18. 蔡虹:《法院调解的正当性评估》,载《广东行政学院学报》2008 年第 1 期。

19. 蔡虹:《民事诉讼法修改与民事检察监督》,载《山东警察学院学报》2008 年第 1 期。

20. 蔡虹:《农村土地纠纷解决机制研究》,载《法学评论》2008 年第 2 期。

后 记

这本书能够出版，首先要感谢我的学生。没有他们的鼓励与策划，我也许十年之后才会考虑郑重其事的出一本我个人在民事诉讼法学方面的专著。

大概是出于师生情谊吧，我的学生常常高估我。其实我很清楚，我是名副其实的“教学型”教授（这个岗位简直就是为我所设）。我对学术研究投入不够，所谓的成果不过是教学过程中发现或想到的问题，并且在教学之余稍作研究写下的。因为教学，我可以随时停下写作，却不会因写作影响教学。这种“顺其自然”做研究的态度使我不止一次地拒绝了出专著的“动议”。不过，在做这本书的过程中我确实很有收获，也觉得这种研究很有意义。更重要的是，我可以向我的学生交一份作业了。教了这么多年的民事诉讼法，也应该给我的学生一个交代了。

这本书里的部分内容是我曾经发表过的与“民事纠纷解决”相关的论文。这些论文都是独立撰写的，合作完成的论文以及与这一主题无关的论文未收入本书。因为教学工作的需要，我曾有七八年的时间同时教授行政诉讼法、中外行政诉讼法。其间，我出版过这方面的专著，发表过相关论文，并且有论文获奖。后来我院的这门课与行政法合为一门课，我所在的诉讼法教研室不再承担行政诉讼法的教学任务，于是我这个“教学型”的老师也就终止了对它的研究。未来的日子里，“民事纠纷解决”将是我必须进行下去的课题。我会以本书为契机，不断地为了我的学生继续努力，力争写出更好的作业，并且丰富到我的教学内容中去。唯有如此，才能无愧于我的学生，无愧于我所从事的教育事业，也无愧于这个走向法治的时代。

借此机会，我想感谢所有关心和帮助过我的老师、同事、同行和朋友。在我困难的时候，他们给我信心；在我软弱的时候，他们给我坚强；在我懈怠的时候，他们给我鞭策。他们给予我的太多太多，没有他们就没有今天的我。

最后我要特别感谢北京大学出版社，能在这里出书我深感荣幸！真诚地感谢邹记东主任和李铎编辑，没有他们无私的帮助和辛勤的工作，就不可能有这本书的顺利出版。

蔡　虹

2008 年 8 月 29 日于武汉